女は 28 日で生まれ変わる

月のリズムで美しくなる

城谷朱美

日貿出版社

読者のみなさまへ

＊本書は著者の体験に基づくセラピーの書です。医学的、精神医学的、心理臨床的、法的、そのほかの専門的な助言に代わるものではないことをお断りしておきます。

＊本書では、生理周期、および生理周期における女性の体の変化や日数に関しては一般的な説に基づいています。個人差があることをご理解ください。

＊本書で取り上げている月のリズムは約29.5日ですが、生理のリズムにあわせてわかりやすくするために28日としています。

＊本書の第２章は、28日間の月齢を当てはめ、構成しています。新月（１番目の月の日）から、今日は何日目、と見てください。実際の15日目が満月でなくても、満月を15日目として読んでください。

はじめに

美しくなりたい。女性なら多かれ少なかれ、誰もがそう願うことでしょう。太古の昔から女性たちは美を求めてさまざまな努力をしてきました。

ココ・シャネルがファッションを通して女性の体を解放するまで、西洋の女性たちは、息苦しさを我慢しながらコルセットでウエストを締めつけていました。

また昔の中国では、小さな足でよたよた歩く女性の姿が愛らしいとされ、足の成長を止めるための纏足《てんそく》という風習が行われていました。

アフリカの首が長い女性が美しいとされる部族では、女性は小さい頃から首にいくつも輪っかをつけて首を長くするといいます。

その時代の美しいといわれるプロポーションを手に入れるために、女性は想像を絶する努力をしてきたのですね。

それは、よくよく考えると、男性に愛されるためというのが究極の目的のようです。

もちろん同性からの称賛も嬉しいものですが、愛する男性に「きれいだね」と言われる喜びは、何にも替えがたいのではないでしょうか。

私たちが手に入れたいものは、永遠に愛し、愛される関係を手に入れるための美しさ。一時代や限られた文化だけに通じる美しさではなく、あなた本来の自然の美しさを引き出すこと。それがこの世に生を与えられた私たちの使命であり、生きる目的のひとつといってもいいかもしれません。

美しくなることは愛をまわりに与えることのできる存在になること。

人は正義のために闘いますが、美は人々に平和をもたらします。

まずは、自分とパートナーをはじめとするまわりの人たちのために、美しくなる努力をしてみてください。

自分のまわりを美で平和にすることが、世界平和の第一歩。

そんな大きな視点で美をとらえてほしい。それが本書の目的です。

目次

Part――2
欠けていく月を味方にデトックスする時期――80

第3章　女性のトラブル解消アドバイス――113

第1章
月のリズムでボディデザイン

自然体の美を手に入れる

書店に行けば美容・ファッション雑誌が溢れ、テレビではコスメや美容器具のＣＭを見ない日はありません。エイジレスな若々しい女性たちが取り上げられる番組は高視聴率となり、美に関する意識が年々高まっているのをほとんどの人が肌で感じているのではないでしょうか？

私も美容に関する商品のチェックは大好きですし、美しい女性をテレビや雑誌で見るのも大好きです。

幼稚園の頃から美容に興味を持ち、ぶどうジュースでパックしたり、塩や砂糖などの調味料をシャンプーやリンスに混ぜて、リンスインシャンプーができないかと研究していた一風変わった子でした。幼い頃のある夜、ドレッサーの上にあった母のクリームをこっそり塗ってすやすやと眠っていたら、夜中に母に叩き起こされたことがあります。

なんと私が塗っていたのは当時でいう「コールドクリーム」（クレンジングクリームのようなもの）。

「そんなん塗って寝たらシミできるで！」と関西弁でこっぴどく叱られ、眠たい目をこすりながら泣く泣く顔を洗いに行ったのでした（笑）。

そんな私が成長し、早、数十年。

素肌の美しさと姿勢の良さこそが美容にとって重要なファクターだと、思春期から確信していた私は、ファッションやメイクにはほとんど興味を示しませんでした。肌や姿勢の良さに表れる、自然体の美を手に入れるにはどうしたらよいかを日々研究し、さまざまな情報を集め、試してみました。その集大成が前著『月のリズムセラピー』（日貿出版社刊）です。

『月のリズムセラピー』ではさまざまな癒しの知識を中心にご紹介しましたが、今回の『月のリズムで美しくなる』では具体的なエクササイズをご紹介していきます。

ボディデザインとは自分の体を愛すること

最近では、スリムすぎないふくよかなモデルが海外の一流ファッション誌に取り上げられてきています。私たちの美の基準は時代によって変わるもの。でも時代に翻弄されない永遠に通じる美しさは、トレンドやムードによってつくられるものではありません。時代や文化を超えた美しさは、あなた自身があなたらしい生命力を取り戻すことから生まれます。そのために必要なのは自分の体を受け入れることです。

実は多くの人が自分の体を嫌っているのです。

「ここがもっとこうだったらいいのに」

「何で私の体ってこうなんだろう」って。

美を追求すると、まずは今の自分にがっかりします。嫌いな部分がたくさん出てきます。ここで外的な解決策に走りすぎると、精神的なひずみが解決されないままになります。といって、ここで努力を放棄してしまっては女性としてもったいない限りです。

自然体の美を手に入れる第一歩は、今の自分を受け止めてあげること。そしてイメージの力で根気よく理想の状態に導いてあげること。このプロセスを踏むことで心が健全になり、自分自身を本当の意味で愛せるようになります。

子育てするつもりで自分の心と体を育て直していきましょう。やさしく愛して導いてあげる。それが月のリズムのボディデザインです。

月のリズムセラピーのコンセプト

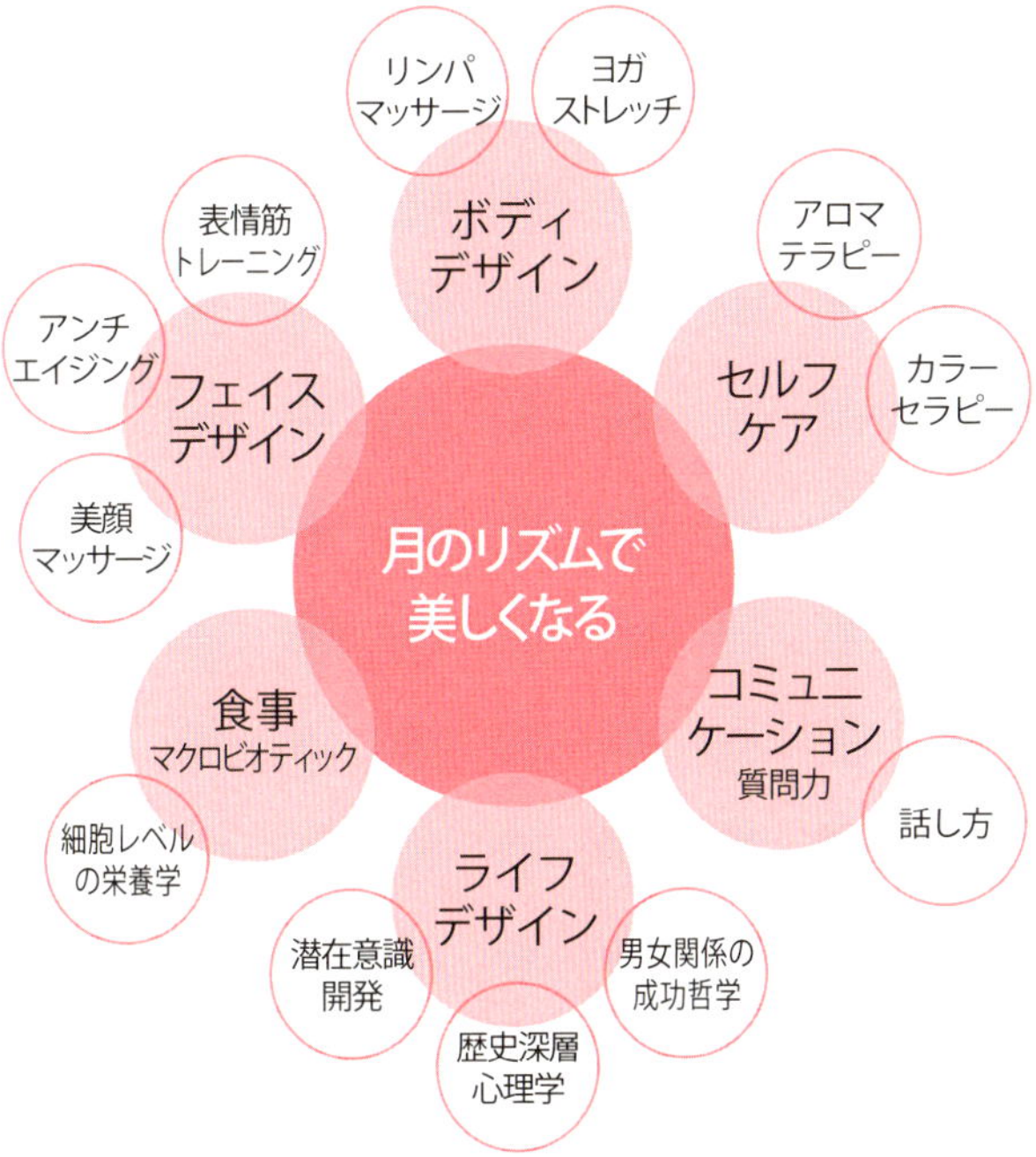

月のリズムでボディデザイン 実践編

ボディデザインは毎日の積み重ねから。足から太もも、ヒップ、お腹、二の腕、バスト、首から頭にかけて、全身をもみ、さすり、ほぐしていきます。同時に、理想のラインをイメージし、その言葉を体に優しく言い聞かせましょう。さらに、満ちていく月の時期にはエネルギーチャージのポーズで、欠けていく月の時期にはデトックスポーズで体のリズムをつくっていきます。

Lesson 1

内臓と女性ホルモンを活性化する

足

足は第2の心臓と呼ばれます。足の血流を良くしておくことは全身の血のめぐりを良くするのにとても大切なこと。湯船に浸かりながらの3分間でもよいので毎日ほぐしてあげてください。

足指ひらき

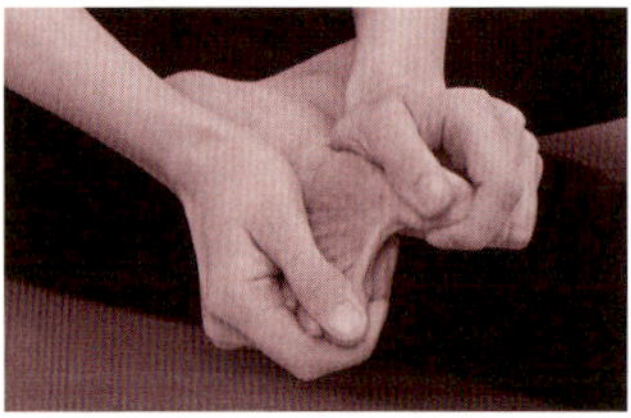

パンプスなどで縮こまっている足の指を解放してあげましょう。左右の手で1本ずつ足指を持って横に縦に斜めに大きく広げます。小指側は特に念入りに。

足指ひっぱり

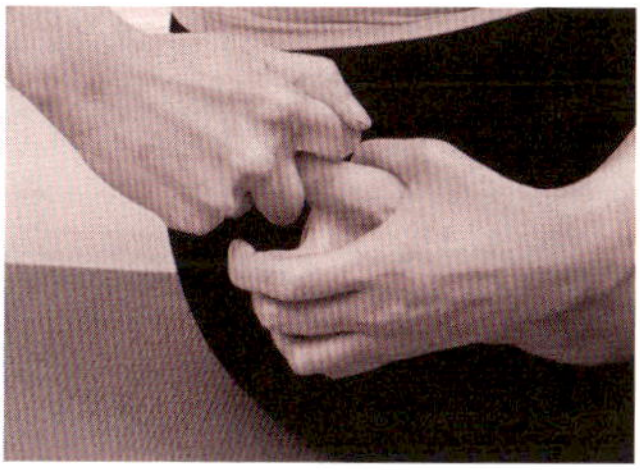

手の人差し指と中指で足指のサイドをつかんで、手がすぽんと抜けるまでひっぱります。

足指まわし

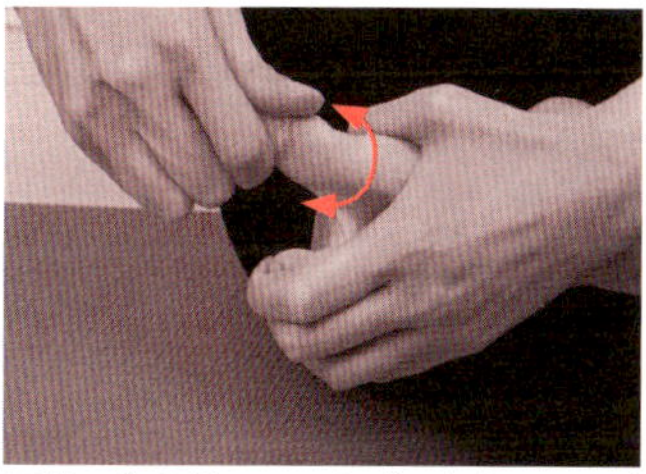

足指の先を持って 1 本ずつ左右 10 回ずつ大きくまわします。反対の手で指の付け根をつかんで固定するとしっかりまわせます。

足裏ほぐし

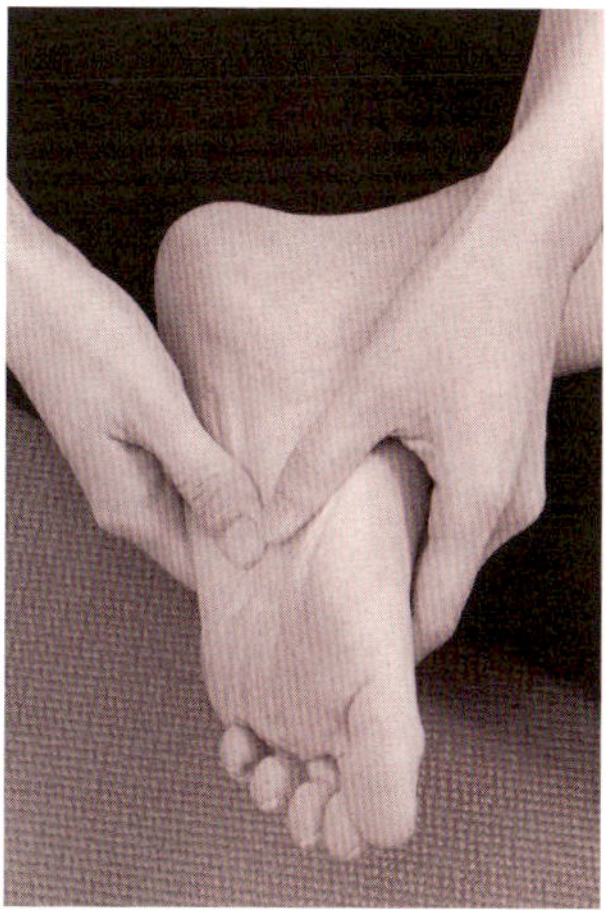

足裏の硬く感じられるところを中心に押してほぐします。

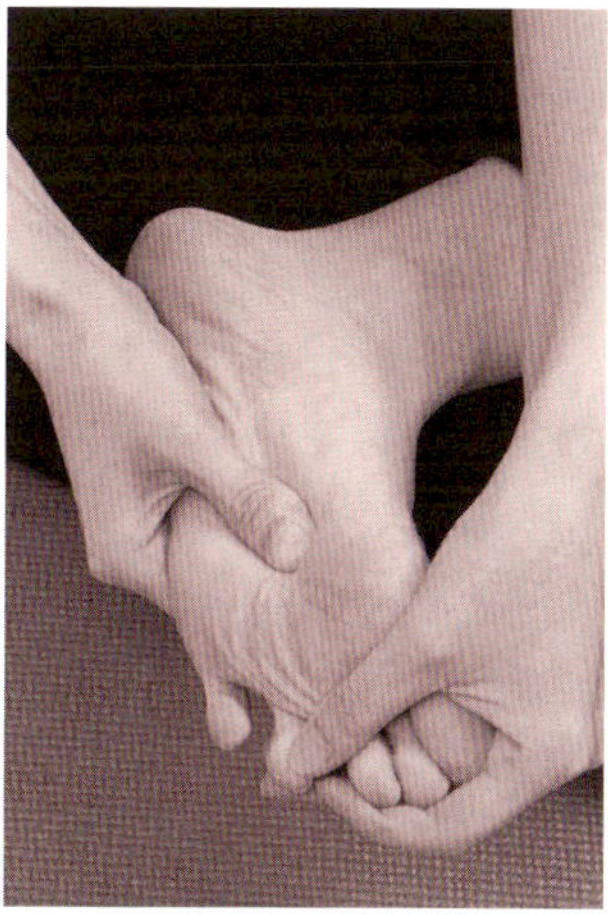

足の湧泉のツボを押します。エネルギーがチャージされます。

Lesson——2

脚

リンパの流れを良くして脂肪を移動させる

脚のラインをつくっていくのに大切なのは、セルライトをなくすこととリンパ管の大掃除。炭水化物好きの女性は特にいらない水分が脚に溜まりやすいので、しっかり掃除してあげましょう。そして、大切なのは理想のレッグラインをしっかりとイメージしながらやること。脳のイメージの力は絶大です。体の細胞もちゃんとその指令を受け取りますから、体に語りかけるように自分の手と脳を使ってボディデザインしていきましょう。

足裏たたき

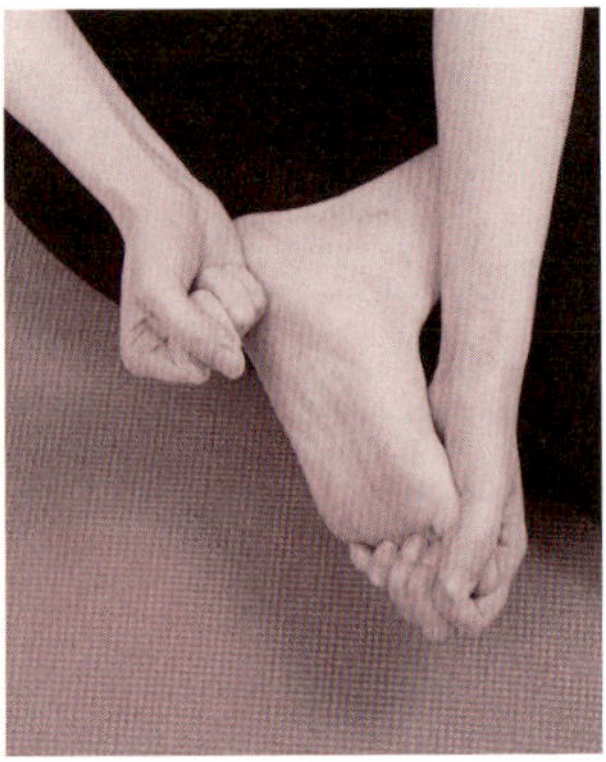

かかとをたたくと腸が刺激されると同時に股関節も柔らかくなります。10～50回くらい。気の向く回数どうぞ。

足首まわし

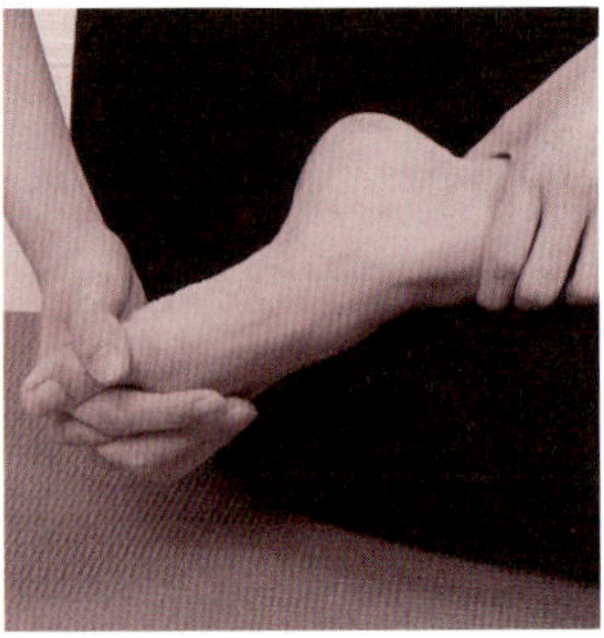

足首が硬いと骨盤の動きも鈍くなります。手の指を足の指の間に1本ずつ付け根までしっかり入れてまわします。足首がふらふらしないよう反対の手で固定して。

さする

足首からおしりまでさすって、柔らかくなったお肉をイメージを使っておしりまで移動させます。「スッキリとしたレッグライン、そしてまあるいヒップ」と体に語りかけながら。この動きは溶けたセルライトといらない水分を脚の付け根のリンパ節に流す役割もあります。

もむ

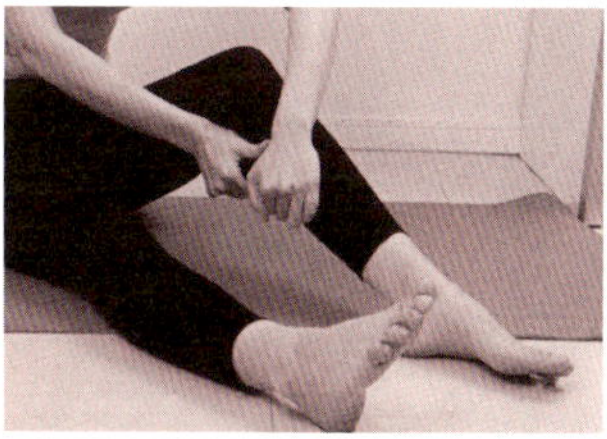

セルライトを押しつぶすように両手でお肉を少し痛いくらいつかんでパッと離しましょう。足首からふくらはぎ、太ももの付け根まで。どこもまんべんなく。

Lesson —— 3

部位別ボディデザイン

腹部〜ウエスト

ここは女性らしさがいちばん表現できる場所。そして一番気になる部位ですよね。ここもしっかりくびれたウエストのイメージを持つこと。脳に理想のウエストラインを描きながらウエストまわりをさすって脂肪を胸まで移動させます。脂肪は必ず移動すると信じることが大切です。

もむ

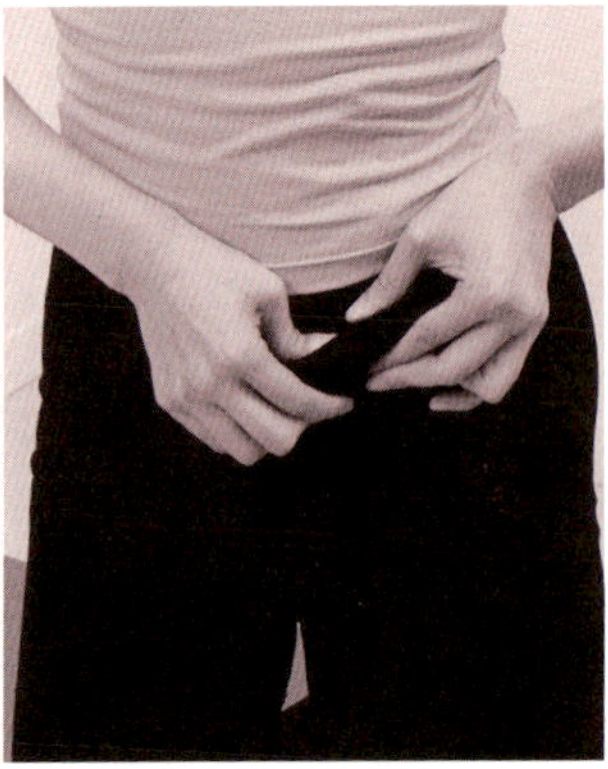

両手でしっかりお肉をつかんで左右交互に上下に動かしセルライトを溶かします。少しずつ場所を移動させながら。

さする

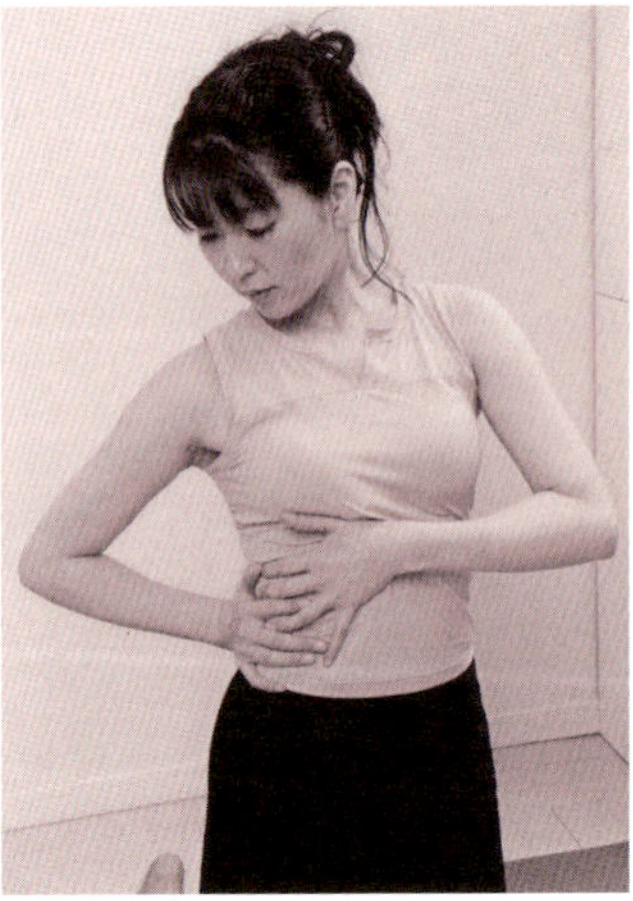

ウエストから上のお肉は両手でさすりながら胸に移動させます。ウエストから下のお肉は脚の付け根のリンパ節に流します。

二の腕

ウエストと共に年齢を感じさせるのが二の腕のライン。逆をいえば二の腕をスッキリさせると5歳若くなります。もんでさするという原則は同じですが、肩をいつもよくまわしておくだけでも二の腕のたるみ改善になります。

もむ

二の腕の振袖部分を少し痛いくらいしっかりつかんでパッと離します。少しずつ場所を移動させながら。

リンパ刺激

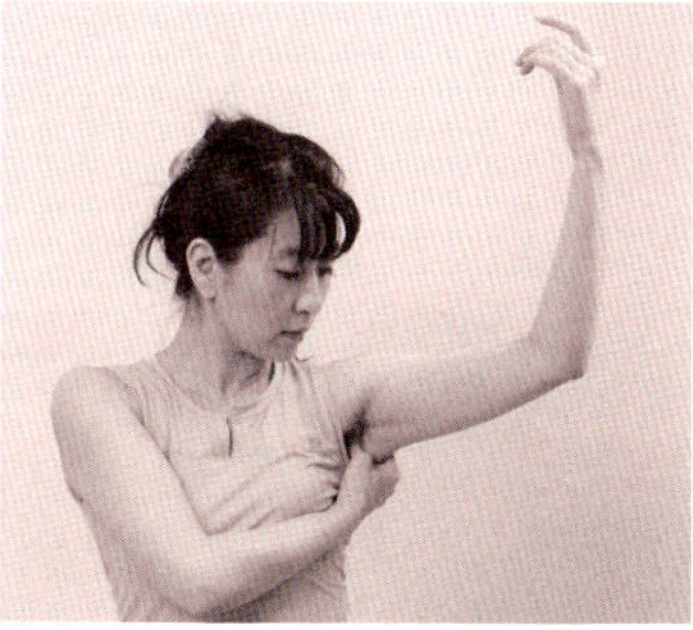

わきにはリンパ節がありますからそこを刺激して老廃物が流れやすいようにしておきます。

さする

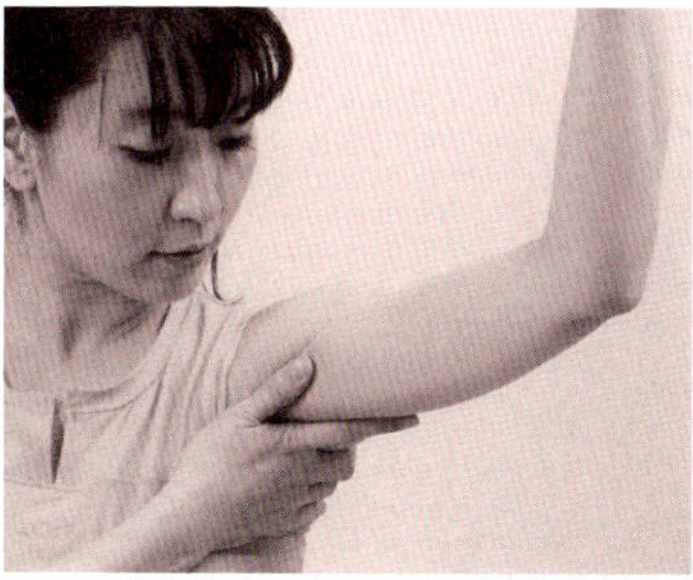

そして柔らかくなった脂肪を胸に移動させます。同時に二の腕に溜まった老廃物も掃除していきます。

バスト

腕やウエストから持ってきた脂肪をキープするため大胸筋を刺激しておきます。手の指をクロスさせて指の間で押し合い、息を吐きながら押し下げます（10回）。上半身の骨格も整います。

首

首は頭（思考）と胴体（行動）をつなげてくれる重要な場所。首が硬くなると心が一気にマイナスになってしまいます。また、言いたいことを飲み込んでばかりいると、のどにトラブルが起こりやすくなります。感情を適切に言葉にして行動につなげていく努力をすると、マイナス感情が解放され、肩こりなどのトラブルも解消されます。首を精神的・物理的にほぐしてあげることで、ポジティブな心とほっそりとした首のラインを手に入れていきましょう。

※特にうつ気味の人はマメに首をほぐしてあげましょう。

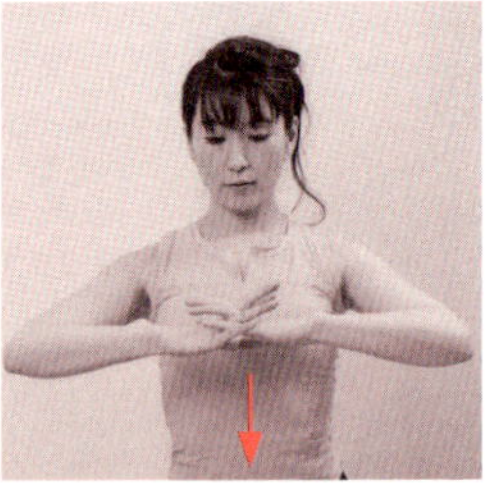

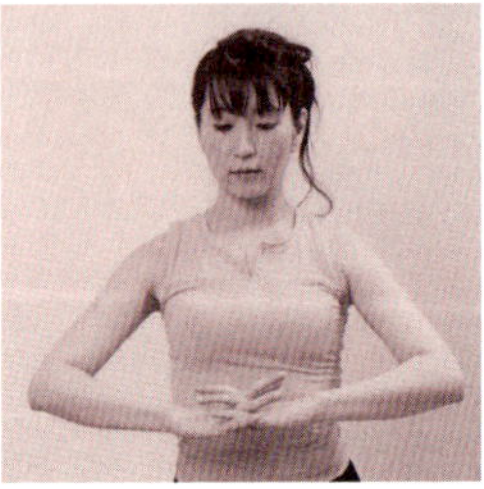

のどさすり

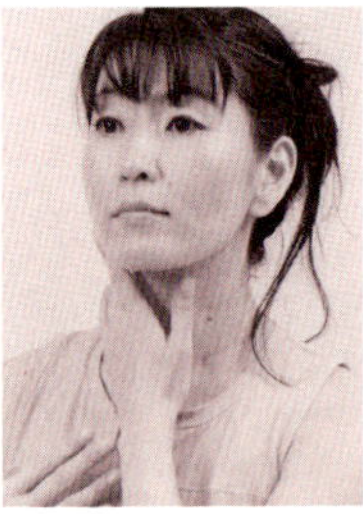

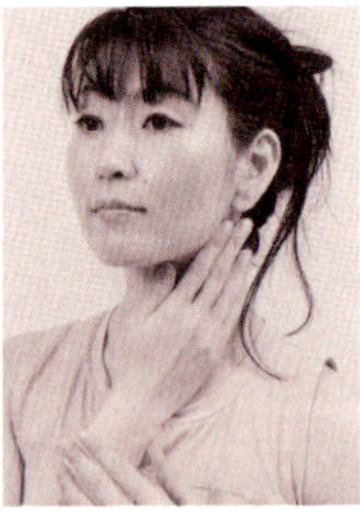

のどにある甲状腺は新陳代謝のホルモンを分泌してくれています。ここを刺激して女性らしさと若さをキープしていきましょう。左右の手で交互にクロスにしながらさすり下ろします。左右交互に 10 ～ 40 回の間で気の向く回数どうぞ。

首のばし

ひじを閉じて首を倒し、縮こまりやすい首の後ろの筋肉をのばします。大きく深呼吸しながら気持ちよくのびるまで首を倒しキープします。ここがのびていると思考が明晰になり、凛とした女性のイメージになれます。

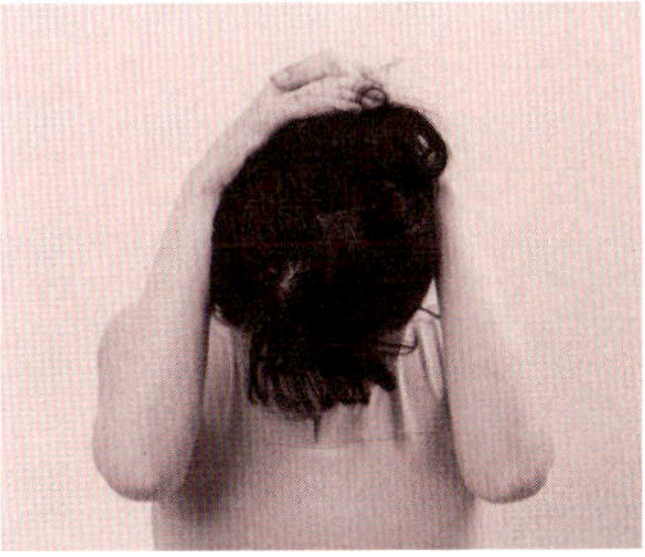

ひじを大きく開いて胸を開き、たっぷり息を吸い込みます。

首まわし

大きく深呼吸しながらゆっくり注意深く頭を転がすようにまわしていきます。こりがひどい人ほどゆっくり慎重に！ 気持ちいいと感じられる回数だけまわします。義務でまわしている感覚になったらストップ！

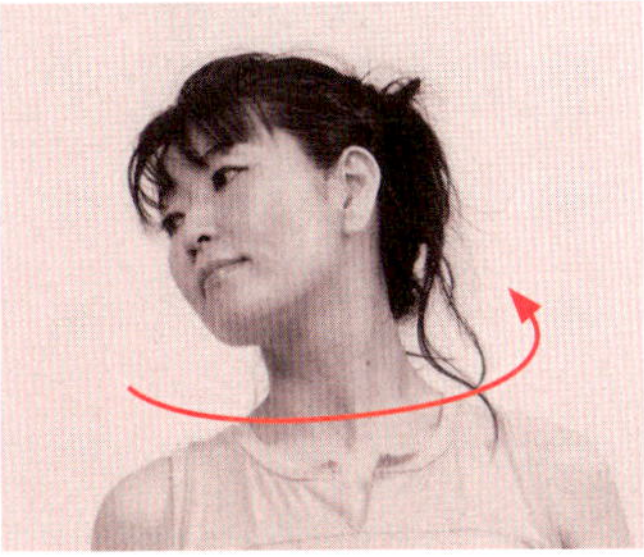

顔まわり

顔まわりは細かい筋肉の集合体。実は結構こっていて疲れています。顔の筋肉の疲れを取って解放してあげると一気に表情が若くなります。

リンパ節刺激

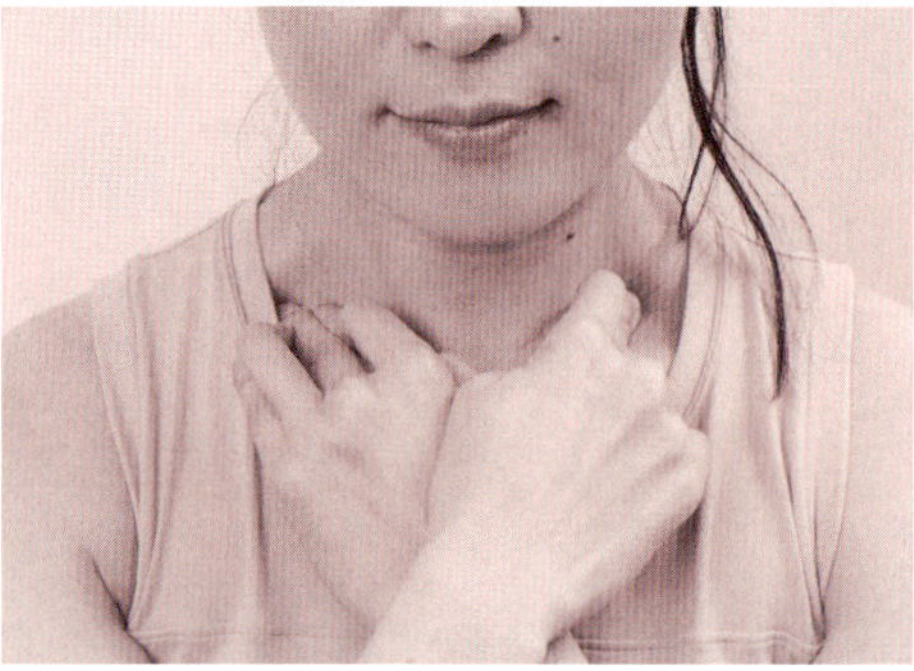

鎖骨の内側を押してリンパ節を刺激し、顔まわりの老廃物が流れやすいようにします。

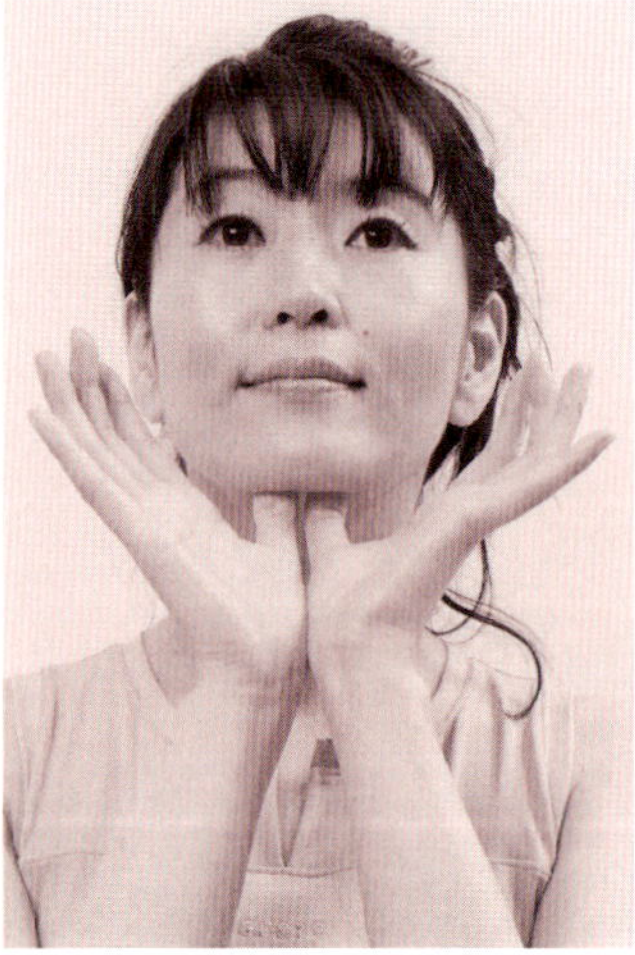

顎の下にもリンパ節がたくさんあります。顎の骨のすぐ内側のくぼみを、耳の下に向かって左右に少しずつ指を移動させてやさしくじんわり押していきます。

顔ほぐし

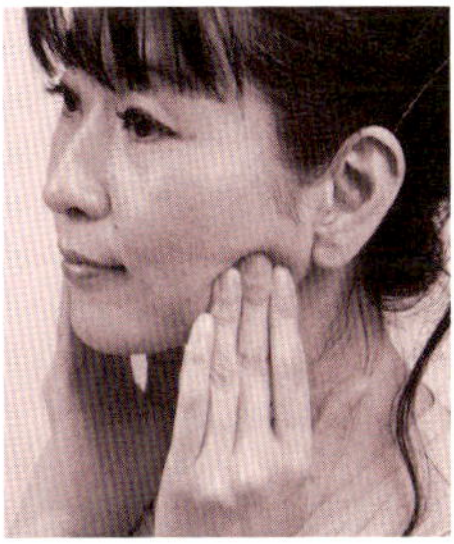

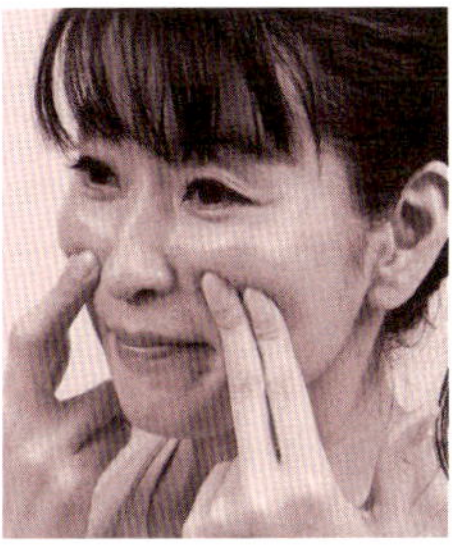

顔で老廃物が溜まりやすい場所は鼻の横の頬の膨らみと顎の筋肉の盛り上がりの部分。指で結構強めに押しながらもみほぐします。皮膚がひっぱられて皺の原因とならないようあまり大きく動かさないこと。批判的な感情をたくさん持ってしまうと鼻の横が硬くなり、ほうれい線の原因になります。頑固な気持ちをたくさん持つと顎の筋肉が硬くなります。普段のマイナス感情のリセットにも効果的です。

耳ほぐし

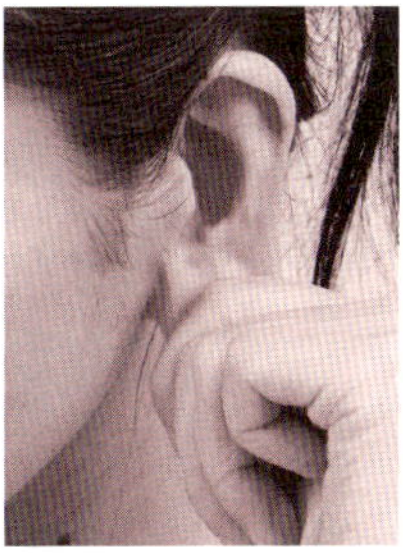

耳は実は生命力ととても深く関係しています。耳を刺激して痛いようなら要注意！ しっかりほぐして生命の源である腎の力をアップさせていきましょう。体温も上がり、デトックス力もアップします。

表情リセット

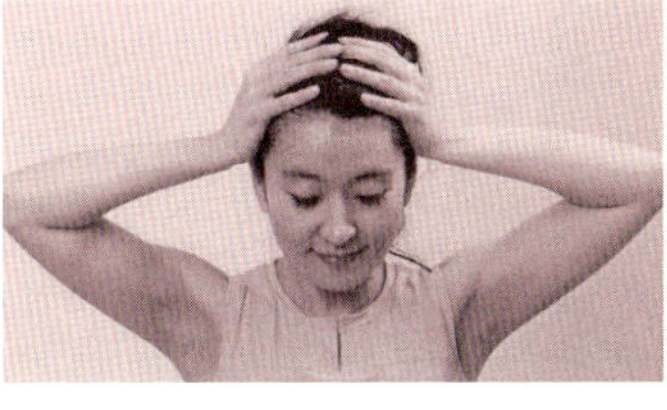

マイナス感情は顔の筋肉を中央に寄せてしまいます。素敵な人の表情は放射線状に外に広がっている印象があるはず。顔の筋肉もそのように使われています。まずは手を使って顔の筋肉を後ろにひっぱるイメージで表情をつくり顔を解放してあげます。その状態をキープしていくとポジティブ感情もキープできます。

Lesson 4

コアトレーニング

骨盤まわり

心にも体にも中心があります。中心をしっかりさせれば心も体も歪みにくくなります。骨盤の状態を整え、体幹部の筋肉を刺激しておくことは美しいボディラインとブレないメンタリティには必須です。年齢を重ねるごとに骨盤は開いてゆるんできやすくなりますから、閉めることを意識していくと若々しいボディラインが保てます。骨盤を整えたあとコアの筋肉でしっかりその状態をキープできるようにしていきましょう。

骨盤刺激

仰向けになり膝を立てます。かかとをおしりに近づけて膝を揃えた状態から、頭から膝までが一直線になる位置までおしりを上げていきます。そこで息を吐きながら小刻みに腰を10回上に押し上げます。

終わったら膝を抱えて腰をゆるめます。

直角キープ

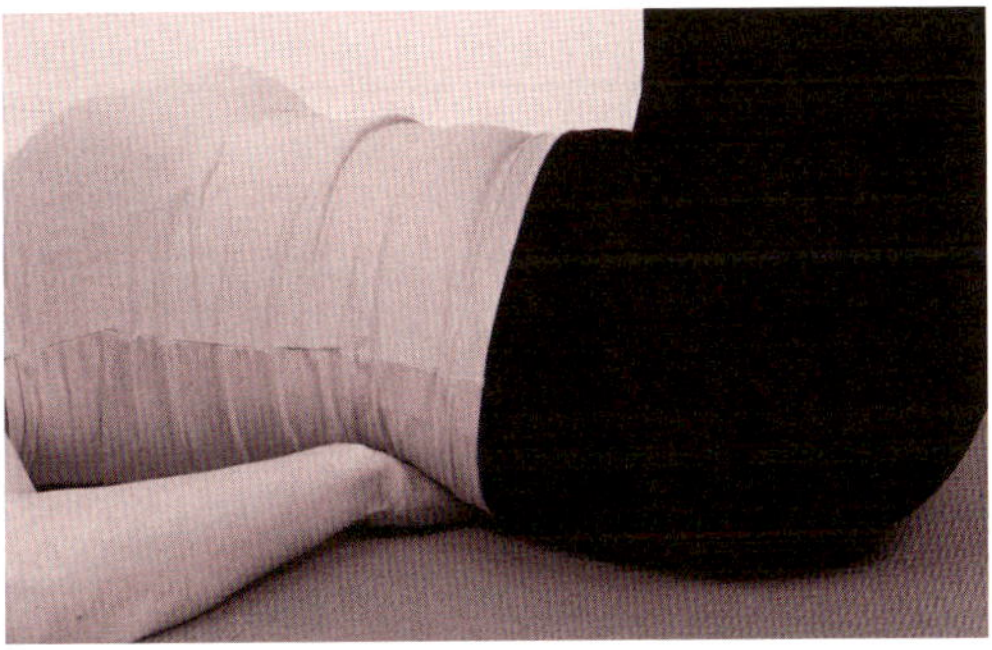

仰向けになり、床と腰に手が何とか入るくらいの隙間がある状態で骨盤の位置をセットします。

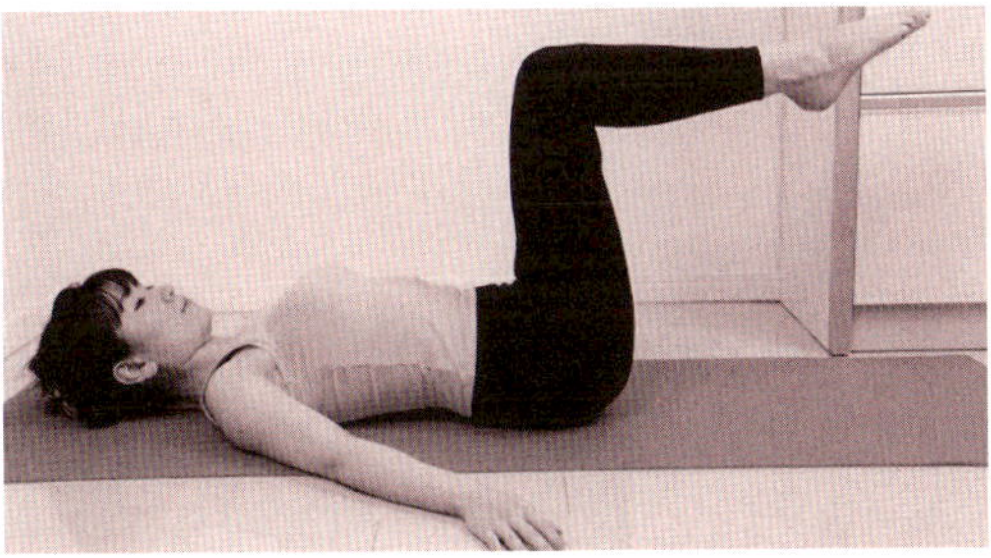

脚を直角に曲げ、お腹の中央が膨らまないようにへこませたまま、できるだけキープ。お腹が膨らむと表面の筋肉が刺激され、深部に刺激が届きにくいためです。

余裕があれば膝を揃えたまま床スレスレまで左右にゆっくり倒していきます。顔は脚と反対の方向に向けて。左右合わせて10回程度。

骨盤刺激・立ちポーズ

足先をまっすぐ前に向け、脚を腰幅２倍くらいに大きく開いて太ももの付け根を骨盤の中にしまうように両手で押し込みます。左右10回程度。座り仕事の方は特にトイレの度などに習慣にするといいかもしれません。

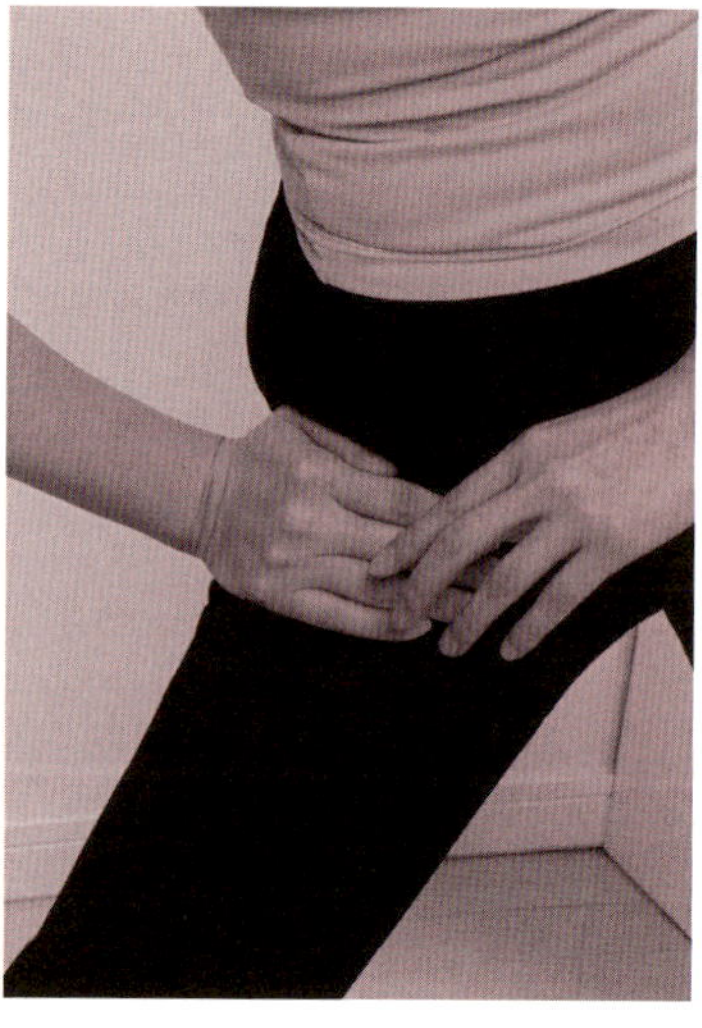

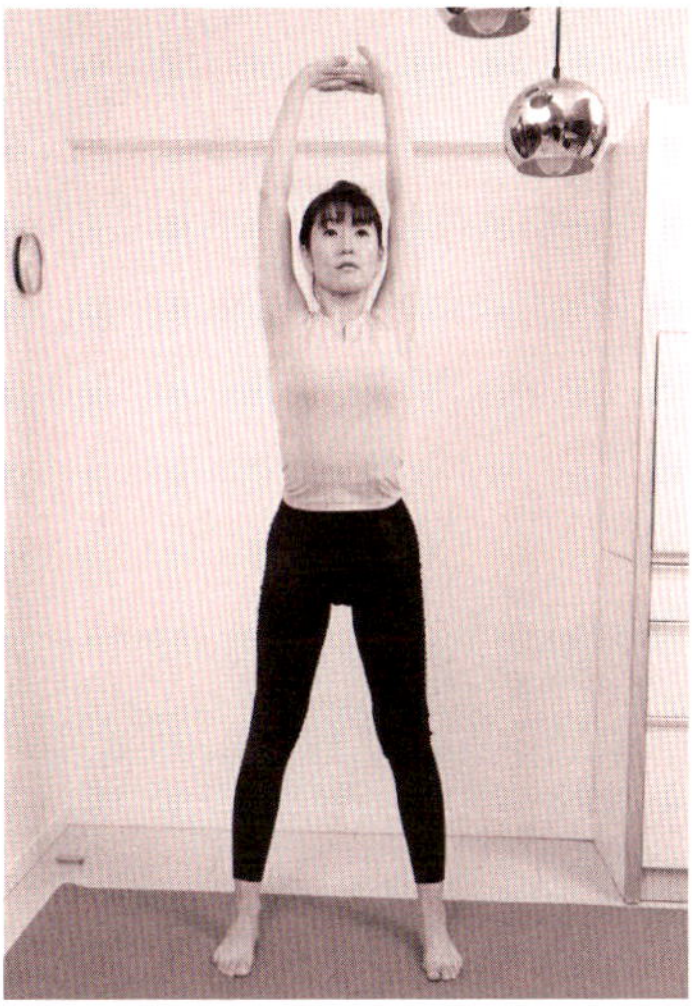

腰まわし

上半身は上に引き上げ動かさないようにし、おへそから下だけをゆっくりまわすイメージです。ゆっくり息をしながら体の内側に意識を向けてまわしていきます。じわっと熱くなる感じがしたら深部に効いている証拠。左右４回ずつ。できる人は５分ほどまわし続けます。

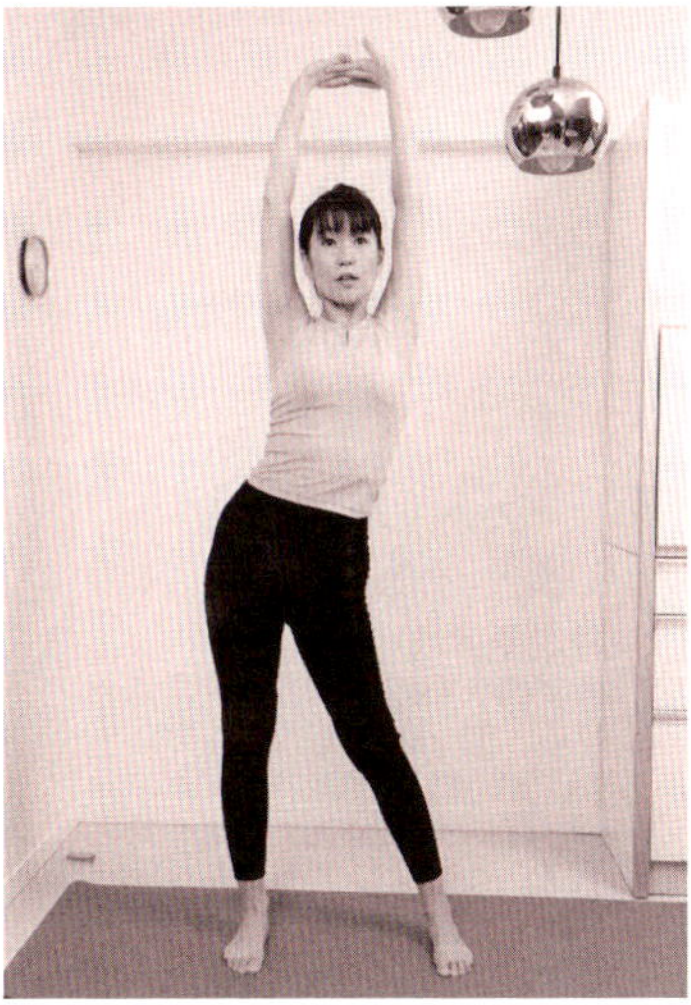

Lesson — 5

エナジーチャージ 満ちていく月

満ちていく月の時期のヨガのポーズは体の中心に力が集まる太陽礼拝の動きが適しています。一連の動きを続けて行うことにより、エネルギーに満ちた状態になり、活動に適した交感神経を刺激して心と体を活性化していきます。

立ちポーズから始めます。耳・肩・ひじ・膝・足首が一直線になるように立つのが理想的。骨盤も前傾しすぎず後傾しすぎずニュートラルな状態にしておきます。

●前傾骨盤

肋骨が開いてお腹が前におしりが後ろに突き出て背骨がS字になりすぎています。腰を痛めやすい立ち方です。

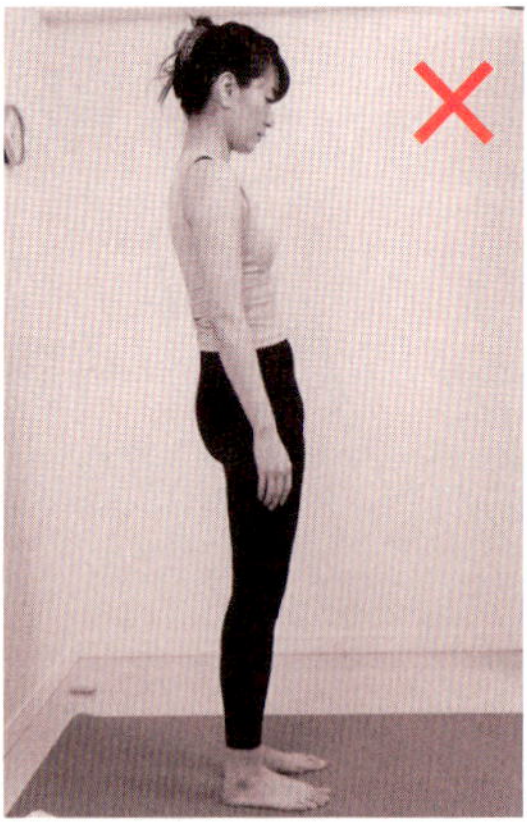

●後傾骨盤

背骨のS字のカーブが綺麗に描けず、まっすぐになりすぎています。腰に負担がかかると同時に胸とおしりが下がり、猫背になりやすい状態です。この状態が長く続くと猫背がひどくなり、膝も曲がってきて老けた印象になってしまいます。

①胸の前で合掌します。おしりの穴をキュッと締めるような気持ちで下半身に力を入れます。足は並行で親指に重心を置きます。両脚は隙間をなくすようにしっかりくっつけます。

②息を吸いながら合掌の手がスーッと空にのびていくような気持ちでのばします。

③息を吐きながら両手を広げ、同時にお腹を太ももにくっつけるような気持ちで上半身を折り曲げていきます。

④両手はスネにおきます。柔軟な方は足首を持つか、両足の真横の床につけていきます。

⑤息を吸いながらスネ（柔軟な方は足首か床）を押し、できるだけ前の方を見るように顔を上げ、上半身を反ります。膝の後ろがのびているのを感じます。

⑥両手を両足の外側に置き、息を吐きながら右足を大きく後ろに持っていきます。次に左足も同じように後ろに移動させます。

⑦（下向き犬のポーズ）息を吐きながら肩を入れ込むように上半身をのばし、おしりを突き上げ数回呼吸します。お腹は引っ込めたまま。膝はのばせる方はのばしますが曲がってもかまいません。

⑧息を吐きながら片方の足を両手の間に戻します。

⑨（英雄のポーズ）後ろの足はかかとまでしっかりつけて下半身を安定させ、上半身を起こして合掌の手を上にのばします。この状態で数呼吸。息を吐きながら⑧の状態に戻って足を反対にして同じことを繰り返します。

⑩⑨のポーズの後ろの足を前に戻して両足でまっすぐ立ってから片方の足を真後ろに上げて反対の手をまっすぐ前にのばしてバランスをとっていきます。肩を下げて、おしりの穴にグッと力を込めて。両脚交互に行います。

⑪⑩のポーズの上げているほうの脚を床に戻したら両膝を曲げて両手を両足の外側につき、息を吐きながら片方ずつ足を後ろに移動させます。

⑫また下向き犬のポーズで数呼吸。かかとは床についていても離れていてもかまいません。

⑬息を吐きながら両膝をつきます。

⑭そのままうつぶせになり、おでこを床につけておしりにグッと力を入れます。

⑮（バッタのポーズ）両手をのばして手のひらを床につけ、息を吐きながら両足を持ち上げキープ。数回呼吸します。骨盤が締まると同時にヒップアップ効果があります。腰が弱い方は無理しないで。

⑯⑮の状態から息を吐きながら脚を床に戻したら、息を吸いながら膝を立てておしりを持ち上げます。

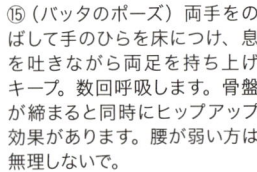

⑰そのまま息を吐きながら、おしりをかかとにつけて上半身をのばします。腰をゆるめるように数回呼吸。両手はできるだけ遠くに。

⑱息を吸いながら膝を立て⑯の姿勢に戻り、息を吐きながら膝をのばし下向き犬のポーズで数回呼吸。

⑲息を吐きながら片方の足を両手の間に戻し、もう片方も戻します。

⑳一度に両手の間に足を移動させにくい方は、少しずつ歩いて両足をこの状態に戻します。

㉑息を吸いながら両手を広げ、上半身を起こしていきます。腰が弱い方は背中を丸めながら。

㉒だんだん背骨をまっすぐにしながら、頭がつり上げられていくような気持ちで起こしていきます。両手はできるだけ遠くにのばしながら。

㉓そのまま頭上で合掌。下半身は大地にしっかりと根ざし、上半身は天にのびていく感じ。肉体を通して天と地をつなげていくイメージで。

㉔息を吐きながら合掌の手を胸の前にゆっくり下ろしてきます。意識を体の中心に戻します。

Lesson——*6*

デトックス欠けていく月

欠けていく月の時期は、太陽と月の引力が同じ方向に働くためデトックス力が高まります。体が開いてリラックスしているときにデトックス力は高まりますから、ゆるめるポーズを中心に行っていきましょう。

ねじりのポーズ

右の膝を立て、のばしている左脚の膝の外側に足を置き、左腕と右膝をクロスさせ息を吐きながらねじります。背骨を上に引きのばすようなつもりで数呼吸。反対側も同様に。ねじりのポーズはデトックスを促すのに有効なポーズです。むくんでいるときは少し長めにキープ。

合蹠前屈（がっせきぜんくつ）

足裏を合わせて両手で持ち、息を吐きながら上半身を前に倒します。股関節を開くと同時に内ももを刺激し、デトックスを促します。無理に膝を床に近づけようとしなくてかまいません。

（合蹠前屈の良い例）背骨をまっすぐのばしたまま前に倒します。頭を下ろすのではなく腰を倒すような気持ちで。倒すのはほんの少しでかまいません。

（悪い例）頭だけを下げようとして背中が曲がり、腰が後ろに引けています。骨盤や内ももに刺激が入りにくい状態です。

両脚開き

①内ももをのばすとリンパの流れを促し、デトックス力が高まります。無理しない角度で両脚を開き、背骨をまっすぐ立て腰を前に押し出します。

②息を吐きながら片方の脚に上半身を倒します。内ももがのびているのを感じます。

③ゆったりと息をしながら両手をクロスさせ反対の脚の方向に手を歩かせていきます。手のひらをできるだけ遠くに置きながら。

④反対の脚まで来たら数回呼吸。そしてまた元の方向に手を歩かせて②に戻ります。３往復ほど。

コブラのポーズ

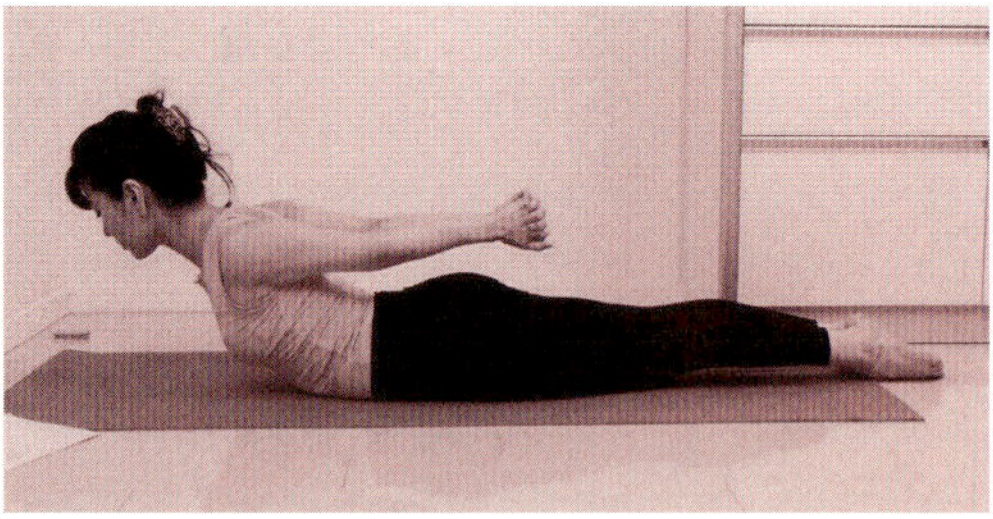

ねじりのポーズと共にデトックス力の高いのがコブラのポーズ。うつ伏せで両手を背中の後ろで組み、息を吸いながら組んだ手で上半身を後ろにひっぱるように起こしていきます。おしりも締めて両脚もしっかりくっつけ、全身を使ってこの状態をキープします。数回呼吸したあと、吐きながら上半身を床に戻します。

片鼻呼吸法

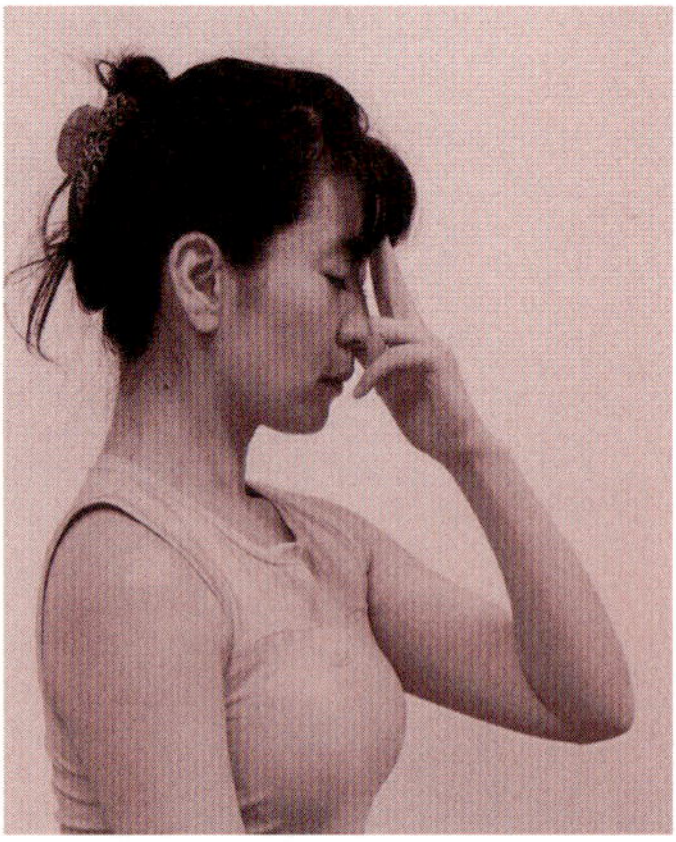

深い呼吸もデトックスに効果的。人差し指と中指を揃えて額に当て、薬指と親指を使って鼻の穴を片方ずつ交互に閉じて深呼吸します。左右の歪みも調整されていきます。

第2章
美しくなるための28日間

イメージの力を信じて理想のボディラインを

自然体の美はその人の持つ生命力と通じています。そして生命力は肌と姿勢に現れます。

どんなに着飾っても素肌がイマイチなら生活の乱れがそこから見えてしまうし、滞っている心の状態が姿勢の悪さとなって現れてしまいます。

肌と姿勢を整えることは、心を整え人生を整えることにつながります。

また心を整える努力をしていけば自然に美しい肌と姿勢も手に入ります。

外的な美を通して内的な美が磨かれ、内的な美を磨くことで外的な美が形作られるのです。

凄いことだと思いませんか？

内的な美に関しては心の持ちよう、物の考え方というのがとても重要になってきます。

私たちは、自分の頭で考えていることが自分の人生にとても大きな影響をおよぼしていることに意外と気づいていません。

自分の頭で考えていること、心で感じていることが出来事を引き寄せ、出来事に対する自分の捉え方が行動を決定し、またその行動によって次の出来事が引き寄せられてくるのです。

イメージが感情に影響を与え、感情が行動に影響を与え、行動が習慣に影響を与え、習慣が運命に影響を与えるというしくみです。

人間の心と体の関係というのは不思議なもので、イメージによって肉体的にも変化が現れます。ボートの選手がケガをしてトレーニングできないときも、イメージの中でトレーニングし続けた結果、筋力が全く衰えなかったというデータもあります。

また握力計などを使うとよくわかりますが、楽しかった思い出を頭に浮かべているときは力が強くなり、悲しい記憶を思い出すと力が入らなくなります。笑っているだけで免疫力が上がるというデータもありますから、プラスのイメージが肉体に及ぼす影響は計り知れないものがあります。

イメージの力を高めればボディラインさえも変えられます。

いつも美しい理想的な自分をイメージできていれば、おのずと姿勢は良くなり、骨も筋肉も内臓も自然な状態におさまり、ボディラインが自然に整ってきます。

特別に時間をとるエクササイズも大切ですが、日々の心と体の状態をいつも意識して調整しておくことが実はいちばん大切なことなのです。

本章では、日々意識するとよい心と体についてのポイントを28日間にまとめました。また、自由なライフスタイルを考える上で欠かせない経済のあり方や、少し難しいのですが魂の世界についての考え方にも触れています。

月のリズム、あるいは生理のリズムに合わせて、一つ一つのメッセージを自分のものにしていってください。心と体と経済の自由も手に入れて、あなたらしい人生を花開かせ、永遠の世界に通じる魂をデザインしていきましょう。

月の満ち欠け

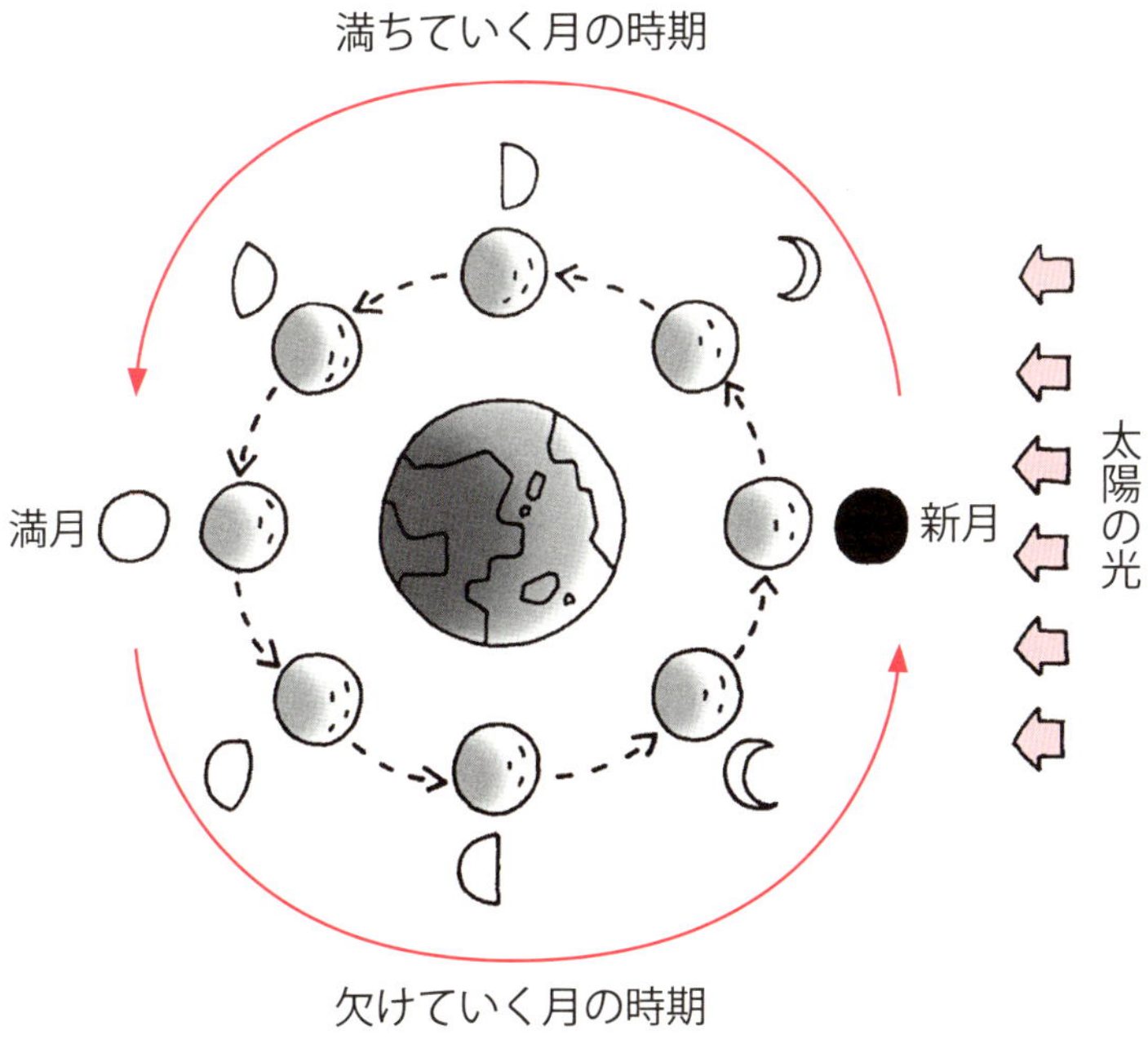
満ちていく月の時期
満月
新月
太陽の光
欠けていく月の時期

Part—1

満ちていく月を味方にエネルギーをチャージする時期

1番目の月の日

新月は地球から見て太陽と月が同じ方向に位置する日。遠心力が働きやすいため体はデトックス力が最大限に高まり、心はインスピレーションを得やすくなります。さらに、心が体をコントロールする力が最大限に高まり、何かを始めようと決心したりするのに最適な日。これからの28日間、幸せな状態をキープしていくための種まきの日としていきましょう。

心の安全基地をつくる

~アンカリングで素直な自分をキープ~

心の状態は知らず知らずに表情や姿勢、言葉に表れているもの。いつまでも若々しい人はプラスの状態をいつもキープしている人でもあります。新月の今日は、これから28日間のベースとなるプラスのイメージを潜在意識に植えつけていきましょう。

まず好きな音楽を準備します。そしてその音楽を聴きながら自分が生きてきた中で一番素直でキラキラしていた時代を思い出してみましょう。あるいはこうなったらいいなという未来をイメージしてもかまいません。五感をフル稼働させてあたかもその状況を体験しているかのように、イメージの中でそのときの映像や感覚にじっくり浸ります。

このように特定の音楽に記憶やイメージを結びつけておくことを「アンカリング」と言います。

できれば毎日、寝る前か目が覚めた直後にその曲を流して、同じ記憶に浸る時間を持ちましょう。

寝る直前と目覚めた直後は、潜在意識にプラスのイメージを植えつけやすい時間帯です。毎日のこの時間にプラスのイメージを持つようにすると、体のこわばりが取れ、気持ちが自然と前向きになり、エネルギーがあふれてくるのを感じると思います。

ちなみに私の黄金時代は幼稚園時代。その頃を思い出すと、いろんなことにワクワクしていた素直な自分を思い出して一気にあどけない顔に戻ります。愛されていた感覚もよみがえってきます。

少し気持ちが落ち込んだら、今日、潜在意識に植えつけたプラスのイメージを思い出してください。そこは、これからの28日間を安定して過ごすための心の安全基地のようなものですから。

2番目の月の日

●2番目の月〜14番目の月　これからは少しずつ月が太陽と反対の方向に位置していきます。満ちていく月の時期は新月に高まった遠心力が少しずつ弱くなり、地球の中心に向かおうとする求心力が少しずつ高まり、心も体も吸収モード。行動的になるのを助けてくれます。満ちていく月のボディデザイン（P30〜P36）で力を中心に集めてくると同時に、できるだけ気持ちを外に向けられるように、生活の中でテンションを高く保つ秘訣を身につけていきましょう。

鏡をテーブルに置く

～表情筋で気持ちをキープ～

表情は感情ととても深く結びついています。しかめっ面をすると怒った感情が湧いてきたり、悲しい表情をすると悲しくなってきたり、上を向いてにこにこしていると少し明るい気持ちになってきたりしませんか？

生徒さんやスタッフにはよく表情キープの大切さをお話しします。表情を明るくつくっておくだけで気持ちも落ちすぎずに済むからです。

心が安定していれば幸せホルモン・若返りホルモンがたくさん出てきます。美しさで大切な要素は「安定感」。表情をキープすることで心も安定させることができます。

素敵な女性がよく実行しているのは、ダイニングテーブルや仕事のデスクの上に鏡を置いていつでも自分の表情をチェックするという習慣です。

試してみると、ちょっとでも気を抜くと恐ろしいくらいの顔になっていることに気づくと思います。

人間が自分を意識できているのは3％程度だといわれていますから、無意識のときには表情も悲しいくらい無防備になっています。

いつも素敵な表情をしていられるように意識することは、実は潜在意識の能力開発にもなるのです。

ポイントは頭頂部とこめかみの斜め上の側頭筋をひっぱりあげること。そうすると無理に口角を上げなくても、少し微笑んだ透明感のあるあどけない少女のような顔になります。目から上の筋肉を使わないで口元だけ微笑むより素敵な笑顔になるはず。

さらに精神的な効果として、素直な気持ちで人の状態を受け止められるようになります。落ち込んでいたり、少し意地悪になっているなと感じたりするときには、ぜひこの表情筋の使い方にトライしてみてください。きっと気分が切り替わるはずです。

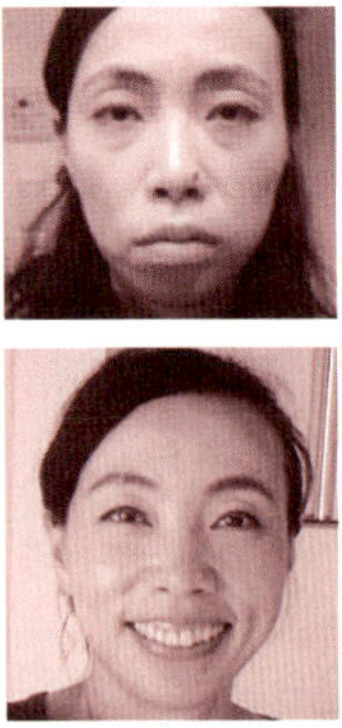

表情筋に注意しただけで表情がまったく変わったYさん。

3番目の月の日

うなじをのばすと5歳若くなる

～骨格は意識で変えられる～

全身のバランスの良さは美人の要素としてとても大切なものです。

昔は、タレントさんや女優さんも、上半身だけを意識しているような感じの方が多かったのですが、今はトータルバランスが求められる時代です。背が高いとブラウン管で大きく映りすぎるからと敬遠されていたモデルさんたちが、続々とテレビに登場するようになったのもここ10年ほどです。私も20年ほど前に受けたNHKのアナウンサーとしての採用試験のとき、「テレビに映るには背が高すぎるね」と言われたことをよく覚えています。

でも時代は、背が高い低いに関係なく、全身のバランスが美しければ美しいという感覚に変わりました。

では全身のバランスは、持って生まれたスタイルで決まってしまうのでしょうか。実はそういうわけでもありません。それよりも姿勢が印象に大きく影響を与えています。姿勢が悪いと、いくらスタイルが良くても素敵には見えません。また骨盤も歪みやすくなり、顔もたるみやすくなります。

エクササイズをする時間を毎日きちんと取れればいいのですが、仕事や子育てなどで何かと忙しいのが実情です。忙殺される毎日の中で美を保とうとするには、日常生活の中で骨格と筋肉を整えるのがいちばんです。特別なエクササイズはできるときにすればよいのです。

個人セッションをしたり、資料をまとめたりと、座っていることが多い私は、40代に入ってから特に筋肉の衰えを感じ、姿勢が少し悪くなったように感じ始めました。とはいってもなかなかしっかり体のメンテナンスに時間を注げない。そこで編み出した知恵の一つが「うなじのばし」です。

うなじを上に引きのばして頭頂部を空から吊り下げられているように意識するだけで、肩の後ろの肉がとれてスッキリし、フェイスラインも細くなり顔まわりの見た目が一気に若返ります。全身の姿勢もこれによって整います。

うなじが縮んでいる状態

うなじをしっかりのばした状態

4番目の月の日

人の気持ちに敏感な人は必ず毎日湯船につかる

~セルフ洗礼（洗霊）のススメ~

人は、「よく話す人」と「人の話をよく聞く人」の大きく二つに分かれます。「よく話す人」は東洋医学で言う陽の力が強く、「よく聞く人」は陰の力が強く、前者は発信力（求心力）優位。後者は受信力（遠心力）優位です。あるいは、前者がビジネスウーマンタイプだとしたら、後者がセラピストタイプといえるでしょう。

また、前者が「刺激で相手に影響を与えるタイプ」だとしたら、後者は「受容で包み込むタイプ」。いずれにせよ素敵な要素なので両方身につけていきたいものです。

ただ後者の場合、人の気持ちに敏感になりすぎて疲れてしまうことが多々あるかと思います。前者は自分の感性を中心に物事を捉えるので、切り替え上手な人が多いのですが、後者は受容的な分、人の思いを引きずりやすいともいえます。

そうしたことを防ぐためには、体だけでなく心（霊）も洗い流すことが必要です。オーラを洗うといってもいいかもしれません。

『水からの伝言』（江本勝著・波動教育社刊）という、さまざまな言葉を水に聞かせて水の結晶を撮影した写真集をご存じの方も多いと思います。水がいろいろな想念を吸収する様を目で見える形にしてくれた本です。

私たちの体も60％以上が水でできていますから、たくさんの想念がそこに刻まれています。特に感じやすい人は必要以上にいろんなものを吸収していますから、きれいなお水に心と体を浸してその想念を洗ってあげましょう。

最近はシャワーを浴びるだけで済ませてしまう人が多いようですが、それでは肉体的に疲れが取れないだけでなくオーラにも疲れが溜まっていってしまいます。できれば毎日湯船につかるようにしましょう。

ネガティブな想念ほどいつまでもその人に留まっていたいので、そんなときほどお風呂がおっくうに感じられるもの。毎日がんばって湯船に入ると、心の疲れがどんどん取れていきます。

5番目の月の日

耳と口の王になろう

～コミュニケーションはバランスが大切～

4番目の月の項とも係わってきますが、森羅万象において陰と陽のバランスが大切なように人の性質にもバランスが必要です。

人の気持ちに気づかずに自分の話ばかりするのもよくないし、相手の気持ちばかり考えて言いたいことが言えない状態もバランスが悪い状態です。

「聖人」という言葉は「耳」と「口」の王と書きます。人の話をよく聞き、そして自分の思うことをしっかりと話すというバランスが最高の人を「聖人」と呼ぶのでしょう。

陰と陽、受信力（遠心力）と発信力（求心力）という力のバランスは天体間でも成り立っていますし、原子レベルのミクロの世界でも成り立っています。そのバランスがどちらに傾くこともない状態が宇宙が望む理想の状態です。

自分が話してばかりになってしまう人は、相手の気持ちを感じ取る努力をしてみましょう。そして人の話を聞いてばかりの人は、がんばって自分の意見を口に出してみましょう。とくに後者の場合、否定されることを恐れないで！　それで切れてしまう縁なら、それはあなたにとって必要のない縁です。
今はまわりに本当の意味で気持ちをシェアできる人がいないかもしれないけど、そのうちきっとあなたの深いところを理解してくれる仲間が見つかりますから。

6番目の月の日

膝を閉じて小顔キープ
～日常の姿勢と動作で歪みを修正～

体はほんのちょっとしたことで歪みますし、ちょっとしたことで修正されます。軽くエクササイズするだけで骨盤まわりが何センチも縮まったりするのを、テレビや雑誌でもよく目にすると思います。

気合いを入れてしんどいトレーニングをしなくても、日常の姿勢と動作だけでかなり矯正できるなんて、体って素敵だなと思います。

私もなかなかまとまったエクササイズの時間が取れないときは、日常生活でカバーします。

その一つが、椅子に座ったときに必ず膝と足首をしっかりくっつけるということです。膝と足首をしっかりくっつけると骨盤が締まりますから、それと連動して頭蓋骨もキュッと締まります。歪みが修正されると同時に小顔になるというおまけつきです。

最近、電車の中でまわりを見渡すと、足をきっちり揃えて座っている女性がとても少ないと思いませんか？

これは太ももの内側の内転筋群とコアの筋肉が弱っている人がとても多いからです。

逆にいつも膝を閉じるようにしておくとこれらの筋肉が鍛えられます。

体は中心（丹田《たんでん》といわれる部分）に力が集まり上半身はリラックスしている状態が理想だといわれ、この状態を「上虚下実《じょうきょかじつ》」といいます。太ももの内側とコアの筋肉を鍛えることによって体を中心でまとめておく力が増します。それによって体が歪みにくくなるわけです。

長時間、膝を閉じておくのが辛ければ、膝を閉じては休んで、そしてまた気がついたら閉じる努力をしてみてください。

そのとき、おへそを前に出すようにして骨盤を立て、上半身をまっすぐにしておくと長時間その状態をキープしやすくなります。

その地道な努力を続けていると、だんだん太ももの間に隙間ができてきます。座りながらのエクササイズ、ぜひ実行してみてください。

7番目の月の日

自分の行動パターンを変える

～信頼できる人のアドバイスはまずやってみる～

人のアドバイスをそのまま即実行する人って意外と少ないものです。確かにまわりの人のアドバイスを全部聞いていたら大変なことになりますが、この人のようになりたい！この人なら信用できる！　と思う人のアドバイスはすべて即実行することが、運命を好転させる最大のコツといってもいいかもしれません。

今の状況を変えたくて何かを求めているのなら、今の状況を生み出している自分のデータベースで結論を出してはいけません。上手くいっている人のデータベースを借りてみましょう。今までの思考で上手くいかない状態になっているのですから、自分の考えはいったん横に置いておいて行動してみる。運命のマイナスパターンから劇的に抜け出すヒントは、自分ではなく信頼できる人が持っているといっても過言ではありません。その人が利他的な人であればあるほど、そのアドバイスは正しいので、ちょっと難しいかなと思ってもまずは行動してみてください。

そしてそのときにお金と時間がないことを言い訳にしないことが大切です。そうした理由が運命の好転をもっとも阻んでいることが多いのです。

私自身は、運命を大きく好転させていくためには「歴史深層心理学」（人類の歴史を通して深層心理の法則を学ぶ）の学びと「46の微量必須栄養素」（79ｐ参照）を体に摂り入れることが必要不可欠だと確信しています。そしてそうしたアドバイスをパッとキャッチした人がどんどん変わっていく様子を目の当たりにしています。

より美しくなるために必要なのは生きるための深い智恵と輝くような生命力。心の深い学びと体を整えてくれる栄養素は美の最優先事項です。

8
番目の月の日

宇宙の力を味方に

～「お金がない」「時間がない」と決して言わない～

7番目の月の項で、「お金がない」「時間がない」と言わずに行動に移したほうがよいとお伝えしましたが、今一度このことの重要性について考えてみましょう。

実は、心と体は違う次元に属しています。体は縦・横・高さという3次元の物質世界に属している存在ですが、心はその3次元に時間という概念を加えた4次元以上に属しています。体は過去にも未来にも行けないけれど、心は時間も空間も超えてさまざまなことを空想できます。イメージを使えば過去にも未来にも行けて、地球の裏側にも何億光年離れた星にも簡単に行くことができます。

心と体のどちらが重要かというと、上位の次元に属している心がより重要なことは明白です。心の声にいつも体が従うことができればどんどん可能性が広がります。

しかし心の声には、純粋な心の声と体に支配されている声の2種類があります。これを注意深く見分けなければなりません。

「○○したいけれど△△だから」という声が聞こえてきた場合、大体において○○が純粋な心の声で、△△が体に支配されている声です。前者が右脳から来た声、後者が左脳から来た声といってもいいかもしれません。運命を好転させたいなら行動は前者に合わせるべきです。

「お金がない」「時間がない」は後者の声なので、あなたの可能性を狭めるものでしかありません。あなたの心の自由を時間と空間で束縛してしまうのがこの声です。

宇宙の力は、時間と空間を超えた判断をしたときに劇的に味方になってくれます。

魂の世界について

「魂の世界」とは、生きている間の心の世界が時間と空間に束縛されない状態で存在している世界であり、「対称性の高い」状態だということができます。

少し難しくなりますが、量子物理学の世界では「対称性が高い」状態になればなるほど、エネルギー状態も高くなることが分かっています。

「対称性が高い」状態というのは、一言で言えば、「夢と現実の差がない」状態であり、いわば、時間と空間の束縛のない状態ともいえますから、魂の世界にも通じる訳です。

今までは宇宙に存在するエネルギーの総量は一定だというエネルギー保存の法則をベースに、ニュートン以降の物理学が組み立てられてきました。

しかし今では、宇宙が物凄いスピードで加速膨張し続けていることがわかっています。そのエネルギーは私たちの住んでいる宇宙よりも高次元・高エネルギーの世界から注がれているのではないかとも考えられています。

このことは、私たちは時間と空間に制限された有限の存在で終わるのではなく、無限の可能性を秘めた、永遠性の要素を持つ存在であることを示してくれている一つの表れといってもいいかもしれません。

9 番目の月の日

聖人に恋をする

～人格者のデータベースを生かそう～

どんな人でも正しく生きたいという根源的な欲求があります。人格を磨いていきたい。どんな罪を犯した人でもそう思う瞬間があるのではないでしょうか。

私たちの意識のデータベースには、あらゆる過去の人たちの生きた記憶がストックされています。平和に生きた人もいれば、戦争で人を殺してしまった人や犯罪者、あるいは、わが身を犠牲にして人のために立派に生きた人たちもいます。

未来を担う私たちは、できれば人格者といわれた人たちのデータベースを活用していきたいものです。

では私たちの心の善なる部分に大きな影響を与えた人とはどんな人でしょうか？

東洋ではやはり釈迦の名前を挙げる人が多いでしょう。西洋ではイエス・キリストの名前が一番に挙がるでしょうか。

では心のエキスパートであるその人たちは何にぶつかり、何に苦悩し、何を悟っていったのでしょうか？

どんな人格者でも心を掘っていけば必ず善と悪が闘う部分にぶつかります。聖人といわれる釈迦もイエス・キリストも、瞑想で心を探っていく中で悪と遭遇し闘っています。万民が本気で心を探っていけば必ず悪の支配する部分とぶつかることはまちがいありません。

善は宇宙の法則に沿った利他の心。悪は法則から外れて全体の利益を考えずに自分中心に生きさせようとする心です。

聖人とはその悪の根源に勝利し、完璧な利他心・不動心を手に入れた人たちといっていいでしょう。

ではなぜ、全体を考えずに自分中心に生きると駄目なのでしょうか？

宇宙は天体一つで成り立っているわけではありません。ある天体が軌道を外れて自分の行きたいように進もうとすれば、安定したバランスが保てず消滅の方向に向かいます。

私たちの細胞も同じで、ガン細胞のように全体を考えず自分の好きなように増殖すれば、やがて生命体全体の命が失われてガン細胞自身も消滅します。

全体のために生きれば個が生かされ、全体を考えずに個が好きなように行動すれば、その個は破滅の方向に向かうという法則が至る所に示されています。

だから私たちは全体のために生きた人たちのデータベースに光を当てなければなりません。ビジネスマンがビジネスの成功のために松下幸之助さんや稲盛和夫さんなどの人物研究をするように、心の世界で成功したければ心のエキスパートになる研究をすればよいのです。

最初はその人たちの生き方が自分とかけ離れているように思えても、意識をその人たちに向け続けましょう。そしてその人に親しみを感じれば感じるほど自分もその人の気持ちがよくわかり、その人の性質に近くなっているのを感じることでしょう。

２００９年流行語大賞にノミネートされた「歴女」という言葉も、私たちの心は時空を超えて恋さえもできるということの証かもしれません。

聖人に恋すればあなたも聖女になれるなんて素敵だと思いませんか？

10番目の月の日

40歳過ぎたら骨盤を閉めよう

〜見た目を10歳若返らせるコツ〜

前著『月のリズムセラピー』では、骨盤の開閉をスムーズにすることの大切さをお伝えしました。今回はそれにプラスして、年齢を重ねたら基本的に骨盤を閉める方向に意識することの大切さをお伝えしたいと思います。

ここ1年あまり、関西方面・関東方面へと長時間の車の移動が多くなった私は、右の太ももの付け根が痛くなり困っていました。

なぜだろうと原因を追及していくと、骨盤は年齢とともに開き気味になり歪みやすくなることと関係していると気づきました。

それからは、サービスエリアで休憩する度に骨盤を閉める動きを続けていたら、痛みはあっという間になくなったのです。

おまけの効果としてお腹まわりの下腹にかけてのラインがスッキリしてきました。やはり40歳過ぎたら基本的に閉める動きをメインにしていくとよいようです。

年齢を重ねるとお腹まわりがたるんでくるのも骨盤が開きがちになってくるためで、骨盤の状態を整えると一気に見た目のラインが変わります。

昨年、10日後に迫ったライブ用にバレンチノのロングドレスを夫にプレゼントしてもらったのですが、実は試着のときにはドレスのラインがきれいに出なくてパンパンの状態でした。でも1回1分、1日2~3回、骨盤を閉める動きを洗面やお手洗いの度にしただけですが、当日にはスッキリきれいなラインを出すことができました。人間の体は何とも不思議なもので、気合いで何とかなるものです。

当日はウエストの細さに感動してくれた方も多かったようですが、サイズや体重を打ち明けると、みなさん「意外とあるんですね！」と驚かれます。

大事なのは印象・見た目！　骨盤を閉めれば見た目が10歳は若返りますよ。

11 番目の月の日

目標は絶対に小さく!

~脳に成功体験を刻み込む~

自分を成長させようと思って目標を立てるとき、やってしまいがちなのが大きな目標を立てすぎることです。

脳には扁桃体というアーモンドの形をした神経細胞の集まりがあります。ここが感情を司っていると考えられています。生命体は自分の生命を守るために大きな変化を嫌う性質があるので、大きな目標を立てすぎると扁桃体が「嫌だ! 危険だ!」と拒否反応を起こしてしまいます。そして結局は行動につながらないという結果になってしまいます。

そこで何かを成し遂げたいときは、扁桃体が拒否反応を起こさないように小さな小さな目標設定から始めていきましょう。

「えっ、これくらいじゃ何にも効果ないかも!」と思うくらいから始めるのがポイント。むしろそのくらいから始めなければダメなのです。

イチローが、インタビューに答えて「小さなことの積み重ねが大きな変化を起こしていく唯一の道だ」と話していました。やはり一流といわれる人は成功の秘訣を知っているのですね。

ビジネスの世界などでもよく聞く「目標の細分化」という言葉はまさにこのことを示しています。大きな目的達成のためには、行動を積み重ねていくことこそが何より大切なこと。絶対に続けられると思うことしか目標にしないことが、実は人生の成功のための大きな秘訣なのです。

「心で決めたことを体で実行する」というプロセスは、幸せホルモンといわれるエンドルフィンなどの分泌を促し、脳に成功体験の充実感を刻み込んでくれます。それによってまた自然に次の行動を起こしたくなります。私たちの本当の幸せは、心の声に体が従うことができたという経験の積み重ねでつくられていきます。ですから心で決めることは、内容自体が些細なことであってもかまいません。

「自信がない」という人のほとんどは目標を高く設定し過ぎて「決めたことが実行できない」場合が多いのです。逆に「決めたことを実行する」プロセスを積み重ねれば自動的に自信がつきます。そのためにも絶対に継続できると思うことしか目標にしないことが大切です。

12 番目の月の日

ウエストは毎日測ろう！

～数字と向き合いながら日々の微調整が大事～

生活や精神のたるみは顔とウエストまわりに如実に出てきてしまうのがツライところです。少し油断すると〝たるっ〟としてくるので日々の微調整が欠かせません。

顔は鏡で毎日チェックできますが、ボディは洋服に隠れてしまうので、できれば毎日しっかり向き合う時間をとりましょう。

数字に一喜一憂する必要はありませんが、大体のラインを決めておくと便利ですから、そのためにウエストは毎日測りましょう。

体重は何キロ、ウエストは何センチをオーバーしたらマズイ！　というラインを決めておけば、なし崩しにどんどん増えていくことはかろうじて防げます。

怖くて体重計に乗らないうちに、その不安を埋めようと、どんどん食べ物に手が伸びていってしまう。そんなときはあきらめて、思い切って体重計に乗り、そしてウエストを測って数字と向き合ってみてください。まずは不安と向き合いましょう。

2～3日の暴飲暴食は1週間もかからずにリセットできます。暴飲暴食してしまってもそんなに気にせずに、2～3日のうちに夕食を軽くするなどして、こまめにリセットすることだけを意識していくといいでしょう。もちろん目標数値まで遠い場合も落ち込まないで。

小さなことを積み重ねれば必ず目標に到達できます。理想の状態になることを急がないで、「決めたことを実行する」という脳の成功体験を積むことだけを考えて生活してみてください。

ダイエットでもエクササイズでも3週間もすれば必ず何らかの変化が出てきます。落ち込まないことがすべての成功の秘訣だと言い聞かせてがんばっていきましょう。
11番目の月の項でもお伝えしましたが、継続しようと思う行動は、ちょっとハードルが低すぎるかも！　というところにとどめておくのが大切です。

13番目の月の日

ドレスを寝室に飾ろう

～着ている自分を潜在意識にインプット～

読み進めてきておわかりになるかと思いますが、私は無理しないで変化を起こす方法を探求し続けています。もともと心も体も強い方ではないし、とても面倒臭がりだし、自分に自信なんて持てなかったタイプです。

そんな私が少しずつ進んで来られたのは、探求心の深さと研究熱心さ故だったかもしれません。

無理をしてがんばりすぎるとあとで反動がきやすいことも知りました。何度もそんな経験を積み重ね、結論として言えるのは、無理せず自分を律する方法が一番効果的だということ。

それには潜在意識を活用するのがいちばんです。

ボディラインに関していえば自分の理想の体型に合ったドレスを寝室に飾っておくと

よいでしょう。私もラスベガスで買ったドレスをずっと寝室に飾っていました。試着したときはパンパンだったこのドレス、先日ライブで着るために久しぶりに着てみたら驚くほどスッキリすっぽり着られたので、自分でもちょっと感動してしまいました。とくに無理してダイエットしたという意識もありませんでした。

毎日毎日ベッドに入るときドレスを見て、潜在意識にそのドレスを着ている自分がインプットされて、無理なく自然にセーブされたのでしょう。

目標達成のためには、無理せず今の自分に落ち込まないように注意して、瞬間、瞬間を充実したものにしていくこと。その積み重ねで知らない間に必ず目標が達成されてきます。

意識の力はボディラインでさえも変えていくのです。

物理的な力だけで何とかしようとするよりも、むしろすべては意識の力で変化するのだと信じれば信じるほど、物理的な変化さえ簡単に起こしていけるようです。

14
番目の月の日

ミラーニューロンを活躍させよう

~理想の人に近づく秘訣~

人間の脳にはミラーニューロンという神経細胞があるのをご存知の方も多いでしょう。他の人の行動などを見ているだけで、脳ではそれと同じ行動をしているような活動が生じるといいます。

長年一緒に暮らしてきた夫婦が似てくるのもミラーニューロン効果が働くからかもしれません。

街でまわりを見渡してみても、それぞれみんな似た人が集まっていることに気づくのではないでしょうか。カフェやレストランなどで、主婦、女子高生、サラリーマン、ビジネスウーマンなど、それぞれが似た感じの人と縁を持っているのがわかります。

今、自分が持っている縁が理想的であればよいのですが、不満を感じているなら、今の縁の人よりも自分の理想だと思う人たちとたくさんの時間を過ごすようにしていきましょう。

最初は気後れしたり、居心地が悪かったりするかもしれませんが、そのうちに違和感はなくなって自分もその縁のグループの一員になっています。人は自分がいちばん意識を注いでいるものに同化していくので、意識をいつも理想の方向に向けておきましょう。

誰かに対して「嫌い」というエネルギーを多く注いでいたら、自分もそこに似てきてしまいます。逆に「素敵！」というエネルギーを多く注いでいたら、その素敵な要素が自分のものになっていきます。

ネガティブな感情はミラーニューロン効果を悪い方に発揮させてしまいますからぜひプラスに使ってみてください。

私は素敵だなと思う女性が出てきたらその人を研究するのが好きです。

大体数カ月でブームは去るのですが、いいなと思えばその時期その人の出ている雑誌は全部買い込んでしょっちゅう見ます。毎日見ていると無意識に表情や雰囲気が似てきて、そのうちに自分らしさと融合してきます。

中学生のとき、フランスの女優ソフィー・マルソー主演の『ラ・ブーム』という映画を見たときのこと。映画館から出てきたらツンとした彼女の表情を無意識に真似ていて、自分でも笑ってしまいました。

最近はガーリーな女性が可愛いなと思っているからでしょうか。昔はクールなイメージと言われていた私も「可愛い！」と言っていただくことが増えました（笑）。なりたいイメージは自由自在につくれます。

ミラーニューロン効果を味方にして自分の理想に近づいていきましょう。

15番目の月の日

満月は地球を挟んで太陽と月が反対の方向に位置する日です。吸収モードが最高に高まる日でもあり、心の力よりも肉体の力が高まるため、衝動的になりやすくなります。しかし前半でしっかり体をコントロールする習慣がつけば、満月は肉体を使って心の理想を成就するのを助けてくれる素晴らしい日となります。

ウミガメの産卵や大潮、人間の自然分娩や排卵が起こりやすいなど、自然や命の神秘を身近に感じやすい日でもあります。

毎日最低46の微量必須栄養素を体に入れよう

～ビタミンやミネラルがバランスよく含まれた食材を～

体は精密な化学工場です。その化学工場に運ばれてくる材料は、いわゆる三大栄養素といわれるものです。筋肉や血液をつくるためのたんぱく質、エネルギーとなってくれる炭水化物、さまざまなホルモンのもとになる脂質がそれにあたります。

そしてビタミン・ミネラルなどの微量必須栄養素は、その工場で製品を造るスタッフのようなものと考えてみましょう。

スタッフが一人でも欠ければ流れ作業が滞ります。あるいは、一か所にたくさん人が集まりすぎていても全体の効率が落ちます。バランスのよい状態でスタッフを配置するのが最も成果が上がる道です。

つまり単体のビタミン・ミネラルなどを摂るのではなく、バランスよく微量栄養素が含まれているものを日々食すということが肝心です。

では「バランスよく」とはどのような状態でしょう？

「バランスよく」とは、最低46種類の微量栄養素が含まれているということです。

通常の食生活で、三大栄養素は比較的十分摂れています。しかし現代の食生活でビタミン・

ミネラルなどがどうしても不足してしまうのはご存知の通り。経済効率重視のため化学肥料や農薬を多用した結果、土の力が弱ってしまい、野菜に含まれるビタミン・ミネラルが戦前の10分の1から20分の1以下になってしまったためです。

有機野菜などは比較的ビタミン・ミネラルが多く含まれていますが、それでも、健康を保つためには不十分なのが現状です。土の力、野菜の力が落ちたことによって、さまざまな不定愁訴が生まれているといっても過言ではありません。

いずれにせよ現代人は何らかの形でビタミン・ミネラルなどの微量栄養素を補充する必要があります。それも科学的に成分を抽出したサプリメントから補充するのではなく、食べ物から補充できるのがいちばんです。

私は、アロエベラジュースとミツバチ製品のポーレンとプロポリスで46種類の微量必須栄養素をカバーしています。

雑誌の取材にもノーファンデで出られてしまうのは、この3点のおかげです。

素晴らしい材料（三大栄養素）で有能なスタッフ達（ビタミン・ミネラルなど）がつくってくれた細胞はピカピカでハツラツとしています。

人の細胞は1秒で50万個生まれ変わっていきますから、いい材料といいスタッフを体に入れ続ければ、毎秒毎秒全身がピカピカの細胞で満たされていきます。年齢に関係なく、どんどん新築のような体に生まれ変わっていくのです。

胃なら40日、肝臓なら200日、骨でも1～2年ですべての細胞が入れ替わるといわれています。

骨粗鬆症《こつそしょうしょう》でさえも、しっかりと栄養を入れ続けることで改善できますし（何と60代で10代の骨密度の方もたくさんいらっしゃいます）、子宮内膜や肌の角質層は28日周期で生まれ変わるため、とても早くトラブルが改善されます。

肌もピカピカ、オーラもピカピカになる秘訣は、毎日最低46種類の微量必須栄養素をしっかり摂り続けること。実はこれが美しくなるのにいちばん大切なことなのです。

● 46の微量必須栄養素

【ビタミン】18種

ビタミンA・B_1・B_2・B_3・B_5・B_6・B_{12}・B_{15}・B_{17}・C・D・E・H・K
葉酸・コリン（レシチン）・ルチン・リノール酸

【ミネラル】20種

ナトリウム・カリウム・カルシウム・塩素・リン・硫黄・マグネシウム・鉄・亜鉛・マンガン・クロム・銅・ケイ素・フッ素・モリブデン・臭素・ホウ酸・コバルト・セレン・ヨード

【アミノ酸】8種

リジン・メチオニン・フェニルアラニン・ロイシン・バリン・イソロイシン・スレオニン・トリプトファン

欠けていく月を味方にデトックスする時期

16番目の月の日

●16番目〜28番目の月　これから月はまた太陽の方向に移行していきます。それと同時に肉体（行動）モードから心（内省）モードに静かに切り替わっていきます。体はゆるまるモードになりますから、欠けていく月のボディデザイン（P37〜P40）でデトックス力を高めながら、心はネガティブな記憶や触れたくなかった問題に少しずつ向き合って解決していく訓練をしていきましょう。心も体もデトックスされれば次の月のリズムではさらなるパワーアップが期待できます。

愛されている感覚を忘れない

〜記憶をプラスにつくり変える〜

波乱万丈の人生を送りながら幸せを感じる人もいれば、順風満帆な人生なのに不幸だと感じる人もいます。人生を幸せと感じるかどうかは、実際の出来事の幸不幸にあまり関係がありません。

人は過去の記憶を自分のイメージで編集しています。同じ記憶を他の人は全く別のイメージで覚えていることはよくあります。過去の人生のストーリーは自分のイメージが脚色したもので、そのストーリーをベースに今がつくられ、未来がつくられていきます。

今までの過去のストーリーが気に入らなければ、記憶を編集し直して素敵に変えてしまいましょう。

両親に愛されていなかったと感じる人は「それなりに愛されていたんだ」という記憶につくり変えればいいし、恋人に裏切られたと感じる人は「彼は私の将来の幸せのために去って行ってくれたんだ」とインプットし直してみましょう。

同じ出来事でも人によって解釈はさまざまですから、厳しくされても愛を感じられる人もいれば、やさしくされているのに愛されている実感を持てない人もいます。

実際に愛されていたかはともかく、たとえどれだけ不幸な状況であっても、愛されているという感覚を持つことができれば、その人は運命を確実に変えることができます。

いつも愛されていると感じていれば、愛は本当にその人のところに集まってきます。

自然に滲み出てくる美しさは、愛されているという感覚から生まれます。具体的に誰かに愛されていなくてもよいのです。愛されていると思い込むことです。神様を信じる人なら神様に愛されている感覚をいつでも思い出せばよいのです。

これはなかなか根気の要る訓練ですが、脳に錯覚を起こさせるまでがんばりましょう。小さなことから愛を感じ取る力がつけばこの人生に怖いものなし。そして神様があなたに溢れる美を約束してくれること間違いなしです。

17
番目の月の日

マイナス感情を手放すと10歳若くなる

～プラスに転換してくれる人との時間を持つ～

私は歴史深層心理学の受講生に対して日常的に個人カウンセリングを行っています。その人が何らかのマイナス感情を抱えている場合には一目見てわかります。カウンセリングでは、それを解放していくお手伝いをします。

どんな人でもそうですが、マイナス感情を抱えている場合、いつもよりずっと老けてしまいます。口がへの字になりほうれい線が目立ち、顔色も悪く、眼の下のクマも目立ってきてオーラが重くどんよりしています。

心の転換に時間がかかる場合もありますが、抱えている感情が何らかの形で解放されると一気に印象が軽くなり、グッと若返ります。とくにグループセッションの際には、その様子を参加者全員が見ているのでみなさん一様に驚かれます。

このような経験を積んでいると、見た目の若さはメンタリティがつくっているのだと確信をせざるを得ません。瞬時に印象が変わるのですから、ある意味希望的です。今からでもいつからでも若々しくなれる可能性があるということです。

ただ、人によって溜まっているマイナス感情の量は違います。多く溜まっている人は転換できても、またすぐにマイナス感情が湧いてきますので、根気よく転換作業をしていくことが必要です。そのためには、マイナス感情に共感してくれる縁よりもプラスに転換してくれる人との時間を多く持つことが助けになってくれるでしょう。

また16日目にお伝えした「愛されている感覚」をキープするトレーニングも効果的です。

18
番目の月の日

自分の体を嫌わない

～日常生活のシーンで心を磨く～

ヨガや瞑想をしてみるとよくわかるのですが、人は無意識に自分の体を嫌っています。

自分の体を観察しようと瞑想し始めると、途端に何か別のことをしたくなる自分に気づくことと思います。

昔から人間の大問題は、心と体が喧嘩してしまうこと。悟りを求める修行者たちは一般の人よりも自分の心に余計に神経を向けますから、他の人ならば気づかないくらいのレベルで心と体が闘っていることに気づいてしまうのです。

ならば気づかないほうがよいのでは？　と思われるかもしれません。それが実は大きな落とし穴。一見そのほうが楽なようでも、長い目で見れば歪みが大きくなってしまうのです。たとえば運動しないほうが楽だけど、ずっと運動しなければ健康を損なってしまうし、整体は痛いからといって、体を整えないでいると体はどんどん歪んでいってしまう。

歪みが小さいうちに修正した方が、実は楽だということをつかめた人は、とてもラッキーです。体の歪みは何かを嫌っている心の状態から生まれます。嫌いという感情が起こると、体の深い部分で不快な感覚が生まれ、筋肉がギュッと硬くなります。それが歪みを生じさせます。

私は、瞑想修行を始めた１９９７年から、体の感覚を常に意識するということを続けているのでわかるのですが、本当に人は無意識レベルでさまざまなことを感じ取っています。桜の下を通れば細胞が喜ぶように全身がさざめくし、何か重い感情を抱えている人とコミュニケーションすると、その人の状態を体が感じ取るようになるのです。

それは自分の意識できる範囲が大きく深くなれば誰もが体験することなので、不思議なことではありません。

ただ不動心が築けずに感覚だけ鋭敏になるとさまざまな感覚に振り回されることになります。瞑想は繊細さを養ってくれますが、一人で瞑想するとさまざまな想念に振り回されやすくなるのであまりおススメしていません。

繊細さと不動心の両方を養う効果的なアプローチとしては、生活の動きの中でいつも自分の体の動作に心を向けること。そしてその行動を無意識に嫌がっている自分に気づいたら、自分の体としっかり向き合いながらその行動を丁寧に行うのです。

お寺で修行するお坊さんは何か創造的な活動で劇的に悟るのではなく、掃除や食事など生活の地味なシーンで心をきれいにしていき、生きる知恵をつかみとっています。

自分の体を嫌わずに日常生活を丁寧にするだけでオーラが光ってきます。体から力みが取れ、滞って硬くなっていた部分が柔らかくなり、物理的に血行やホルモンバランスなどが良くなるからでしょう。肌のキメが細かくなるのもわかりやすい変化です。

19
番目の月の日

体温は36度5分以上に保つ

～体に熱を入れると愛の量も増える～

体温は健康と美容にとても大切な要素です。平熱で36度5分近くはほしいものです。

低体温は体調が悪くなるだけでなく、体の機能が使いこなされずに眠ってしまう部分が多くあり、とてももったいないのです。

体温が低いと免疫の機能も大きく低下します。体温が1度低くなると免疫機能は半分以下になるともいわれ、体の代謝を活性化してくれる酵素も働かなくなります。

生き生きしている美人は必ず、体温が十分に高くキープされています。頬も透明感があってバラ色、動作もゆったりしながら颯爽としています。寒さを感じにくいので体が縮こまって姿勢が悪くなることもありません。

私も35度台の時は、いくらがんばっても踏ん張りがきかないし、顔色も青白いし、幽霊のようでした。

努力すれば体温は上がります。熱はその人の持っている生命エネルギーの現れのようなもの。熱がストックされると愛の量も増える感じです。元気になって人にやさしくなれます。
ショウガ紅茶や半身浴、靴下の重ね履きなどで、根気よく根気よく体に熱を入れ続けて愛をまわりに分けてあげてくださいね。冷え対策の詳しい内容は、前著『月のリズムセラピー』を参照してください。
46以上の微量必須栄養素と、充分な酸素と、そして熱をたっぷり入れれば肌も体も心も確実に変わります。

20番目の月の日

40代からの必須アイテム！

～引き締めパックとプロテイン～

私はアロエベラの成分がたっぷりのFLP社の化粧品を愛用していますが、他のどの化粧品を使っている方でも、たるみが気になる肌に試してもらいたいのがFLP社の引き締めパックです。

小顔にするためのエステなどでは、石膏のようなものでキューッと固めたりするようですが、このパックは粉を溶かしてハケで顔に塗るだけ。毎日簡単に、キューッと引き締めパックができます。

10日間連続で使えば毛穴が小さくなり、間違いなくフェイスラインがスッキリします。かなり感動モノです。

たるみも気になる年齢の私ですが、このパックのおかげで若く見られて得しています。毎日のお手入れ習慣の中に組み込めれば、ずっと若々しさがキープされること間違いなしです。興味がある方はＨＰをご覧になってみてください。

そしてもう一つ、特にアラフォー世代以上に欠かせないのは、良質なアミノ酸を含んでいるプロテインです。

マクロビオティックなどの自然食志向の方には、あまりお好きではない方もいらっしゃるかもしれませんが、私の体験上、マクロビ食だけのときより断然冷えが改善しました。また欠けやすかった爪もとても丈夫になりましたし、10代のときより爪も髪ものびるのが早いのを実感しています。

そして何よりもプロテインのおかげで小じわが気にならなくなったことがいちばん嬉しいことかもしれません。

肌は真皮層という部分でコラーゲンとエラスチン（どちらもアミノ酸からつくられる）が弾力をつくりだしています。この材料であるアミノ酸を含むプロテインを毎日しっかり摂ってあげると、肌に張りが出てきます。

コラーゲンをそのまま摂取するという製品もありますが、コラーゲンは必ずいったんバラバラに分解されて、体の中のアミノ酸の必要とされる部分から使われていくので、摂取したコラーゲンが肌に使われることはほとんどないともいわれています。

アミノ酸を体内でバランスよく働かせるためには、一つのアミノ酸を摂るだけでは不十分です。必須アミノ酸（9種類あり、体内で合成できないもの）をバランスよく含んでいるものを毎日たっぷり摂り入れていきましょう。

「アミノ酸スコア100」「タンパク質利用効率（PER）2.5以上」という表示のあるものを選ぶことをおススメします。

21
番目の月の日

元気になれる本や小物をいつも手元に置いておく

～気分が落ち込んだらすぐ切り替える～

心はいつも揺れ動き、前向きになったとしてもすぐに落ち込んでしまう。そしてまた何かのきっかけで前向きになって、そしてまたちょっとしたことで落ち込む。そんな繰り返しの人が多いのではないでしょうか？

でも安心してください。みんなそこから始まるのです。

人は最初から完璧な状態を与えられているわけではありません。努力で自分をつくり上げていくのが人間に与えられた使命です。

不動心も手に入れなければならない状態の一つで、少しずつ努力していけば必ず身につくものです。言い換えれば鍛錬次第で誰でもそこに到達できるということです。

体が弱い人でも地道な鍛錬で丈夫な体になるように、心の弱さも鍛錬すれば強くなるなんて希望が湧いてきませんか？

もちろん最初から心も体も強く生まれた人は幸いです。でも心や体が弱くても、鍛錬していけば、最初から強く生まれついた人と違う何かを必ず得ることができます。

コツは、落ち込んだらすぐに切り替える！　ことです。

気持ちが落ち込んだときは、前向きなものからすべて背を向けたくなるでしょうが、そこでヨイショッと踏ん張って、自分の好きなもの、元気になれるものに手を伸ばしてみましょう。

そのために、ベッドサイドには好きな本や香水、バスルームにはアロマ精油や素敵な香りのボディクリーム、化粧ポーチにはフラワーレメディなど、いつもすぐ手を伸ばせるところに気分転換グッズを散りばめておいてください。

たくさんの「よい言葉」も助けになってくれますから、名刺サイズのカードなどに心に残る言葉を書いて目につくところにディスプレイしておくのもおススメです。

最近は電車にはほとんど乗らないのですが、以前は定期券入れに勇気が出る言葉を書いたカードを入れておいたりしました。自動改札を通る度に、力が湧いてきたのを思い出します。

知らない間に、心が安定した自分になっていくためのちょっとしたコツです。あなたに合ったスタイルを見つけてみてください。

22番目の月の日

許せば10歳若くなる!

～美で恨みを手放そう～

許すということは難しいことです。特に理不尽な目に遭った場合には、なかなか恨みの感情を手放すことができません。

生まれてから人は、心にたくさんの縛り目をつくっていきます。そしてその縛り目のパターンは祖父母から両親、両親から子供へと代を越えて引き継がれていきます。

心の縛り目がその人の思考パターンとなり、その思考パターンが肉体に影響を与え、人生の選択に影響を与え、運命に影響を与えていくのです。それは、仏教でいうところの「業」（カルマ）のようなものといってもいいかと思います。

良い思考パターンは残し、そうでない思考パターンは変化させていきましょう。そのためには「許す」ということがとても大切なこと。しかしそれはとても難しいことでもあります。

他人を恨まなくても、自分が嫌で自分のことが許せないというケースも多々あります。

そこで、そんな許せない感情が出てきたら、ぜひ鏡を見てほしいのです。たとえ理不尽な目にあったとしても、あなたが美しさを手放す必要はありません。
また、生きているということは、宇宙が望むあなたらしさを創造することを許されているという証です。あなたらしく輝くことを宇宙の根源たる神様が期待しているというのに、自分で自分を罰していたらそれは

とてももったいないことです。

女性は、いつ何があっても美しくある必要があるのです。それがこの人生を生きていく上での義務のようなもの。美しさは権利でもあり義務でもあります。恨みの感情は女性の美しさをもっとも損なう感情です。

何かを許せないという感情が出てきたら、素敵な表情をつくってきれいにお化粧してみてください。それが自分に与えられた義務だと思って。

それを続ければ心の縛り目が少しずつほどけて、運命は確実に変わっていきますから。

23
番目の月の日

被害者意識を転換しよう
～与えられた状況を前向きに受け止めよう～

「許せない」感情は被害者意識から生まれます。多くの場合、自分の不幸は環境から与えられたもので、自分はそれを選択していないと感じています。無理やり不幸を受け取ったような気持ちになるのが一般的かもしれません。

もちろん見える世界だけで見れば理不尽なことは多々あります。同情せざるを得ない状況もあります。

でも深い潜在意識の世界から見れば、すべてが魂の成長のために起こっていることなのだと理解し始める人たちも増えてきました。

今年２０１０年は阪神大震災から15年。当時ＮＨＫ神戸放送局で震災報道に携わっていた私は、取材を通して多くの人の生きざまに触れ、人生について深く考えるきっかけを与えられました。そして15年経った今年、当時のことをラジオで話す機会をいただき、自分を含めて震災で人生が変わった人たちを感慨深く思い出しました。

未曾有の災害という理不尽な状況に置かれて、それを受け止めて前に進む人。「何でこんな目に遭ってしまったのだろう」と、なかなか立ち上がれない人。さまざまな方がいらっしゃいました。

15年という月日はあっという間で、街がこんなに早く再生するとは思っていなかった私は、今、神戸を訪れてもただただ感動するばかりです。本当に奇跡のように感じます。

街と心が受けた大きな傷を受け止めて、前に進んできた神戸の人たちに敬意を表せざるを得ません。

私自身、一人では電気を消して眠れず、何度も震災の夢を繰り返すＰＳＴＤといわれる症状が何年も続きました。それも私が心の深い世界を求めるようになるために与えられた時間だったのだと、今は確信しています。

与えられた状況を受け止めていくことでしか前には進めない。

起こってくる出来事に対して「何でこんなことになっちゃったんだろう」という被害者の立場から、「これはどういう意味なんだろう。何を学ぶべきなんだろう。何をするべきなんだろう」と主体的な立場に変わったとき、人生の深い意味が見えてくるような気がします。

24
番目の月の日

否定の言葉を恐れない

～人に否定されると凛とした美しさが手に入る～

人から否定されることはあまり気持ちのよいものではありません。否定されることを恐れて、自分の言いたいことを我慢することもままあります。

でも、否定されることが自分を磨けるチャンスだと知ったら、だんだん否定されることをありがたく感じられるようになるかもしれません。

たとえば、ネットワークビジネスをしている人たちの多くは、扱う商品が本当に素晴らしいものだと感じていてそれを伝えたいと思っています。しかし、伝えた全員がその価値をすぐにわかってくれるというわけではありません。

最近は、ネットワークビジネスについての理解は浸透してきてはいますが、まだ偏見が残っているのも事実です。そのせいか、まわりの人に商品の良さやビジネスの素晴らしさを伝えても、「私には必要ないわ」と断られることがよくあります。これは素晴らし

い！　と思って伝えたのに、頭から断られてしまうと、最初は自分の全存在を否定されているような気持ちになりやすいものです。

ネットワークビジネスにかかわらず、自分が良いと思うことを伝えたときに否定されると落ち込むものです。でもその否定は、自分の心に揺らがない芯をつくるためのプレゼントだと考えることができれば、世界は違って見えてきます。

否定を乗り越えて伝え続けていくと、否定されても揺らがない強さが出てきます。そして、この素晴らしい情報や考え方がどうすれば相手に伝わるかを考えるようになります。営業やネットワークビジネスの成功者に器の大きい人が多いのは、人から何度も否定されながら、それでも相手を包み込む愛の器ができてくるからです。

ただ、頭ではそうわかっていても否定されたときはなかなか立ち直れないものです。

そんなときは、心で自分よりもっと苦労した人のモデルを思い描いてみましょう。

私の場合はいつも、33歳で十字架にかけられて死んだイエス青年を思い出します。

自分が得た悟りをまわりに理解されずに命を奪われ、槍を刺されて死んでいった33歳の青年。でも、彼は槍で刺されながら、自分に槍を刺すローマ人たちを許す祈りの言葉を口にしました。その様子は見ていた人たちに相当な衝撃を与えたことでしょう。その衝撃は語り継がれ、彼の壮絶な死から2000年以上経った今、彼のファンは全世界に広がりました。

メル・ギブソン監督の映画『パッション』(2004年公開)に描かれているその様子はあまりにもリアル。2000年以上前のその現場に遭遇したような気持ちになります。是非一度は観てほしい映画の一つです。

何かに傷つくことがあっても、その十字架の様子を思い浮かべれば自分の悩みがとても小さく思えてきます。

言葉の槍は刺されても、体に槍を刺されることはめったにない時代に生きていることの恩恵を感じるのではないでしょうか。

25
番目の月の日

信じる時代から知る時代へ

～中身を検証する知性を身につけよう～

「信じるものは救われる」と言いますが、自分の人生を変えていくのに必要とされるのがこの「信じる」力です。

何かを達成したいときにその実現を信じること。また誰かを信じてアドバイスを実行してみること。あるいは、誰かがきっとよい方向にいくと信じること。

信じることは今までの狭かった自分の幅を広げることにつながります。そして、信じること自体が現実を変える力にもなっていきます。

美容道も同じです。同じ化粧品でも「これで美しくなる」と信じて使えば、信じないで使った人よりも確実に効果が出るでしょう。

しかしここがゴールではありません。いくら信じて使ったとしても成分が肌に良くないものが入っていれば、長く使い続けるうちに物理的な弊害が出てきます。信じるだけでなく、その内容についてしっかり吟味しなければその弊害は避けられません。

たとえば、宗教においても、ただそこで言われている内容をうのみにするだけでは盲目的な信仰となり、人間の知性が発揮されないままになります。人間が心を深めていくのに宗教心はいずれにせよ必要なので、宗教自体を否定しているわけではありませんが、多くの宗教において自分の頭で考えることを放棄させる傾向にあるのは残念なことです。特に日本人はマスコミに扇動されやすいことにも表われていますが、あまり深く考えずに信じてしまう性質があります。これが宗教に対する違和感を生み出しているのでしょう。

しかし、宗教も美容も信じるだけの時代は終わりました。これからの本当の美人は信じる素直さと共に、内容を検証する知性

がなくてはなりません。宗教はより科学的に理解されていくべきですし、美容情報もそれが理にかなっているかどうかを確かめる必要があります。

ここ20年ほどで自然化粧品と呼ばれるものが出てきたのも、石油系成分の害について追及する人たちがいてくれたからです。

宗教も美容情報も、人の心の進化に合わせて求められる内容が変わります。近年、人の心は一気に進化しています。つい１００年ほど前には人権感覚も持てずにいた私たちが、平等の権利を声高に叫べる時代になっているのですから。

そして今、私たちは情報の洪水の中に生きています。神様がノアの箱舟を準備させてから洪水を起こしたように、実は私たちにも情報の洪水に耐えられるだけの心の箱舟（物の考え方）が準備されているということです。

しかし、その心の箱舟は自分で探していかなくてはなりません。しっかりとしたものの考え方を身につけるためには、情報に流される（ただ信じる）のではなく、真理を追究していく（知る）姿勢が絶対に必要です。

真理を追究すれば確実に心は成長していきます。成長する分だけ多くの情報を適切にジャッジし、適切な行動をとっていくことができます。

「信じる時代から知る時代へ」。これをキャッチフレーズに積極的にいろんなことを研究してみましょう。きっと顔つきが締まって素敵になりますよ。

26
番目の月の日

働き方について考えよう

～仕事のスタイル、メリット・デメリットを研究してみる～

私たちは経済なくして生きることはできません。経済のあり方を研究することは、私たちのライフスタイルそのものを考えることでもあります。何も考えず会社に勤め続けるのも一つの選択ですが、会社に翻弄されずに自由にやりたいことがやれる環境を積極的につくっていくことは、魂を自由に解放する上でとても大切なことなのではないでしょうか。

そのような環境を手に入れるために、今日はさまざまな働き方について見ていきましょう。一般に収入の得方には４つのスタイルがあるといわれています。

①労働時間を提供してお給料をもらうスタイル

安定的に収入が入りますが（今の時代はリストラなどがあるのでそうとも限りませんが）、どれだけ労働に時間を割いても収入に上限があるのがこの働き方です。日本のほとんどの人がこのライフスタイルしかイメージできないのが現実ではないでしょうか。

②資格などを活用して自営するスタイル

そこで限界を感じて多くの人は「手に職を！」と考え、資格などを利用して収入を得るスタイルを模索し始めます。

個人で開業している医師や弁護士、アロマセラピストやヨガインストラクターなどもこの部類。また自ら店舗を経営している人などもここに含まれます。メリットは①よりも時間の自由がきくこと。ただその人がいなくなると仕事が成り立たないため（①②ともに「一馬力」の仕事と呼ばれています）、収入が上がれば上がるほど忙しくなり、そういった意味で限界があるのもこのスタイルの特徴です。

③ビジネスオーナースタイル

①②に関してはその人がいないと仕事が回らないというのが難点でしたが、ビジネスオーナーは労働収入ではなく、収入が入るしくみを立ちあげていくスタイルです。ホテ

ルなどを何軒も持つビッグビジネスオーナーや、ネットワークビジネスやフランチャイズに携わる人もスモールビジネスオーナーとしてここに含まれます。

１９８０年代から日本に浸透し始めたネットワークビジネスは、一般の主婦などが気軽に始められるビジネスとして近年注目されています。

がんばり次第で収入に上限がなく、時間の自由も確保されるのが大きな特徴で、自分の力だけでなく、多くの人の力を結集させて収入を生み出す多馬力のシステムと呼ばれています。

④投資家スタイル

株や不動産などに投資して収益を上げるスタイル。これにはある程度の資金が必要だし、リスクも大きいので一般の人が一気にここにトライするのは難しいのではないでしょうか。

私の仕事遍歴は①（ＮＨＫディレクター）→②（法律職→ヨガインストラクター→セラピスト→心理学講師など）＋③（ＦＬＰビジネス）というスタイルで進んでいます。

お伝えしたいことが山ほどあるので、本・講演・ライブなどを通してさまざまな発信をしながら（②のスタイル）、アンチエイジングには欠かせない栄養素たっぷりのアロエベラジュースを提供してくれるFLP社のビジネスも同時に取り入れています（③のスタイル）。

おかげで全国を自由に駆け回ることができ、自由なライフスタイルを手に入れることができたと思っています。

今は必要ないと思っていても、年金も期待できない世代の私たちが労働収入以外の収入を持っておくことはとても大切なことです。

ネットワークビジネスを研究するのに参考になる本を次に記載しておきますので一度研究してみることをおすすめします。

●『これが男と女の最後の仕事』（藤本あきら著・四海書房）

●『図解ネットワークビジネス夢実現マニュアル』（見山　敏著・実業之日本社）

27 番目の月の日

恋人や夫への不満はキレイになるチャンス

~マイナスエネルギーをプラスに使う~

男女の愛が満たされていることほど幸せなことはありません。特に夫婦の場合、永遠を誓った相手が自分を見つめていてくれると、不思議なくらい力が湧いてきます。

でもそうもいかないケースが多々あるのが現実かもしれません。

恋人や夫が仕事ばかりしている。浮気している。構ってくれない。お付き合いを始めた頃ほど優しくない……。

2人の関係に不満を抱えている女性は本当にたくさんいることでしょう。

そんな不満が出てきたらそれは「彼から愛を奪わないようにしなさい」というサイン。

そんなときは、とにかく自分をキレイにすることに専念しましょう。少々お金を使っても、キレイになって気分が上がることだけに毎日意識を集中させてください。

相手と本気で別れたいなら別ですが、心のどこかで愛してほしいという気持ちがあるなら、この方法がいちばん効果的。不満というエネルギーを、美しくなるための行動に使っていけば自然と心も磨かれます。

そのうちにあなたの心の器には余裕ができて、彼を包んであげられる気持ちが少しずつ湧いてきます。

女性が美しくなっていく様子を見て嫌がる男性はほとんどいません。多くの男性が自分のエネルギーを奪われることをとても嫌がりますが、自分が愛を受けることを嫌う男性は少ないものです。女性が美しく輝いていれば、それだけでパートナーの男性は自然に元気になります。

もちろん、がんばってキレイになっても相手が何の反応も示してくれず、よけいに関係が悪くなる場合もあります。

それはあなたの「こんなにがんばってるのに何で振り向いてくれないの?」という不満が深層心理に眠っている証拠です。相手がどんな状態であっても受け止める無条件の愛を身につけるのがこの方法の目的なので、振り向いてくれなくても淡々と努力し続けることが大切です。長い時間をかけて冷えてしまった愛は、長い時間をかけて温め直さなければ溶けないからです。

最近はＤＶで悩む夫婦も多いようです。ＤＶは、夫が暴力や暴言などさまざまな形で妻に何かを要求するケースがほとんどです。そんな男性は、実は、相手を傷つけることによって愛を求めているのです。過干渉な母の愛で育った男性にそういう傾向があるともいわれます。何でも受け止めてくれる聖母マリアのような理想の女性像が根底にあり、相手にそうなってほしいという心の叫びなのかもしれません。

ただ女性には「頼る」という陰の性質が内在しているので、そんな形で男性に頼られても難しいのが現実です。

この人とやっていこうと思うなら腹を決めて自分が彼の母になるしかない。それが無理ならとにかく距離をとる必要があるかと思います。

いずれにせよ「心も体もキレイでいよう！」という信念に近い気持ちが、よりよい方向に向かう選択を促してくれます。美が健全な男女関係をつくる大きな原動力になるのは間違いありません。

28
番目の月の日

空をゆっくり眺める

~プラネタリウムに定期的に行こう~

毎日の生活に追われていると、意識はあっという間に縮まって、目の前のことしか見えなくなります。その状態が長く続くと些細なことに振り回されやすくなって、近視眼的な物の見方しかできなくなってしまいます。

そんなときには2~3分でいいので空をボーっと見上げてみてください。

時間があればプラネタリウムにも出かけてみましょう。壮大な宇宙を意識すれば呼吸も一気に深くなり、体の力みも自然に抜けて些細なことが気にならなくなります。そして、何かを選択するときは宇宙を感じてリラックスした状態で決めてください。

宇宙や地球を意識できて、過去にも未来にも心が自由に行き来できたら、今自分が何をすべきかが自然に浮かび上がってきます。

歴史深層心理学では、深層心理学の法則をつかむために宇宙の成り立ちや人類の心の成長の歴史を学んでいきます。それは心の空間を無限大に広げ、時空を超えて想像力を使えるようになるためです。

また、今日で月のリズム28日目となりましたが、月のリズムを意識するのも、壮大な宇宙の営みと、自分という小宇宙がつながっているという感覚を養うためです。

月の満ち欠けのサイクルは約29・5日ですが、この本では女性の生理サイクルに合わせて便宜上28日で設定してあります。まもなくまた新月がやってきますから、一皮むけた美しいあなたになるために、再び新しいサイクルをスタートしていきましょう。

あなた本来の美しさは、壮大な宇宙を意識しながら地に足をつけて、毎日の生活を丁寧に過ごすことから生まれます。

最近生活に追われて近視眼的になっていると感じたら、空を見上げて全身の力を抜いてみてください。きっと今のあなたに必要なことが感じられると思います。

第3章
女性のトラブル解消アドバイス

美しいボディは健康でなければ手に入れることはできません。講座やセミナーの参加者から多く寄せられる体のトラブルや悩みを解消する方法をお教えしましょう。

●……生理痛

生理痛で悩んでいる人はとても多いですね。そういう方は、気・血・水の流れが悪く、骨盤の動きが悪い場合が多く、冷え性でもあるようです。そんな方には、次の4つのポイントをおすすめします。

①**足首回し**（P18参照）毎日、しょっちゅう、気づいたときに行います。

②**三陰交のツボ押し** 生理痛のある方はちょっと押すだけで痛いかもしれません。生理の5～6日前から、痛気持ちいい程度に押してください。体内の気・血・水の流れをよくすることで、生理痛も緩和されます。

③**熱を入れる** 入浴や半身浴、カイロなどで、おへその下に

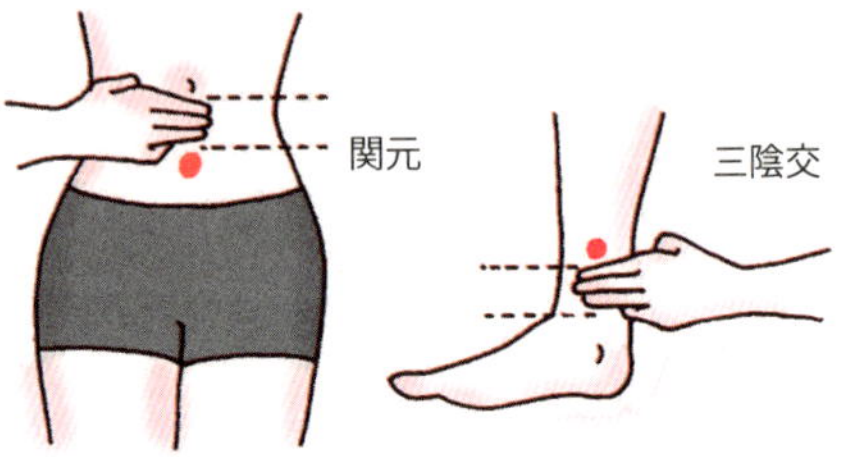

おへそから指３本分下　内くるぶしから指３本分上

ある関元というツボを温めます。

④**46の栄養素**　46の微量必須栄養素（P79参照）を摂取して、新陳代謝を活性化させます。

この4点を実行することで、ほとんどの人が、2、3ケ月のうちに改善しています。

●……生理不順

生理不順の方は、生理のリズムだけでなく、日々の生活習慣も乱れていることが多いものです。毎日の生活リズムを整え、ホルモン分泌を活性化していきましょう。

①**生活リズムを整える**　朝は一定の時間に起床する習慣をつけましょう。夜遅く就寝しても朝起きる時間を一定にし、二度寝はしないこと。また、朝、陽の光を浴びることも習慣にしてください。睡眠をコントロールするメラトニンというホルモンがリセットされて、乱れた体内リズムが整います。

②**足三里のツボ押し**　生理が早く来るタイプは、「気」が足りない状態。足三里を刺激して「気」を満たしましょう。食事は、「気」のめぐりをよくするシソやコリアンダーなどの香味野菜を摂取することを心がけて

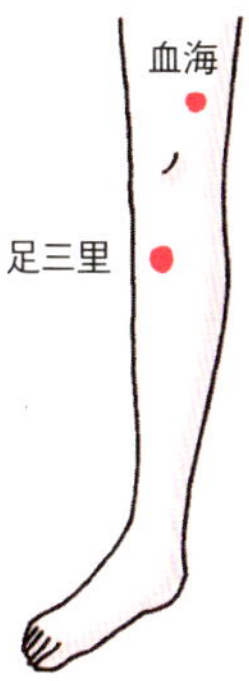

ください。

③**血海のツボ押し**　生理が遅くなるタイプは、「血」が足りない状態。膝の上にある血海のツボを押します。血中の赤血球は鉄分とアミノ酸でできているので、レバーやプルーン、プロテインの摂取もおすすめします。

●……更年期症状

20代や30代の方でも更年期のような症状を訴える人がいます。若年性更年期症状は、卵巣機能の低下というよりも生活パターンの乱れや、ストレスによるホルモンのアンバランスが原因と考えられます。私自身、30代の前半に、更年期症状のホットフラッシュやひどい寝汗を経験しました。この場合は生理不順同様、起床時間を一定にするなど、生活リズムの改善が不可欠です。40代、50代の卵巣機能低下によるエストロゲンの減少には、エストロゲンに似た作用を持つイソフラボンを補う食生活を心がけましょう。

①**大豆食品を摂取**　過剰摂取を防ぐためサプリメントではなく、普段の食生活で改善していきたいもの。豆腐、納豆、豆乳など、大豆製品を日常的に取り入れた食生活をしましょう。

②ハーブの利用　体内リズムを整える効能を持つ「セントジョーンズワート（セイヨウオトギリソウ）」がおすすめ。軽い「うつ」にも効果があるといわれています。

更年期症状を必要以上に恐れ、何とか逃れようとする必要はありません。更年期は、自分の体と対話するチャンスです。症状が現れたら、「ゆったり体の調整をしてあげてください」というサインだととらえたいですね。この時期を上手に乗り越えれば、素敵な50代、60代を迎えることができます。

●……便秘

多くの女性が便秘で悩んでいます。便秘性にはメンタル面が原因の場合と、腸の筋肉が弛緩していたり、内臓下垂だったりという機能的な原因の場合があります。それぞれの対処法をご紹介しましょう。

①リラックス　メンタル面が原因の場合は、とにかくリラックスするしかありません。朝でも夜でもゆったりできる時間を持ち、コーヒータイム、本屋めぐりなど、もっともリラックスできる方法を探しましょう。そのときに抱えている精神的なこだわりを手放すと、あっさり解消することもあります。

②**呼吸法**　頭頂部から尾てい骨にかけて、背骨を通って気が流れるようなイメージで呼吸してみましょう。

③**腰のツボ押し**　取り急ぎの方法としておへその真後ろ、背骨を挟んで2～3センチ横の両側を押します。

④**頭を叩く**　頭部には腸とリンクするところがあります。頭を軽く叩いてみると痛いところがあるはず。その部分を重点的にほぐします。これも取り急ぎの方法です。

⑤**左足裏を押す**　足の反射区を押すのも取り急ぎの方法です。足裏の側部にはS字結腸に該当する部分がありますので、特に左足のその部分を押します。

⑥**白湯と冷たい生水を交互に飲む**　すぐにトイレに行ける状態のときに試してみてください。軽い下剤効果があります。

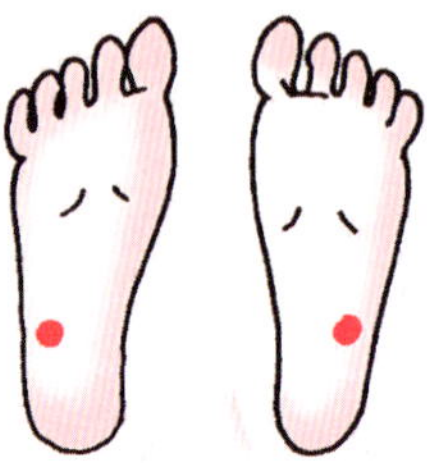

足裏反射区

⑦**腰まわし**（P29参照）　腸の筋肉を鍛えるため、内臓へ意識を集中しながら腰まわしを2～3分、長めにやってみましょう。ウエスト減にも効果ありです。

⑧**前屈**　内臓下垂の人は、前屈した状態、または四つんばいになって、内臓を肋骨の中

にしまいこむようなイメージで、ペタンと下腹をうすくして20秒間キープ。いつでも、気づいたときにやってみましょう。この運動は下腹ぽっこり型の肥満にも効果的です。

肥満

世の中にダイエットの方法は数え切れないほどありますが、いろいろ試しても痩せられなかったり、リバウンドしたりという人が多いのではないでしょうか。肥満の原因のほとんどは骨盤後屈です。骨盤が後屈していると、骨盤が開いている状態になるので、食べ物がいくらでも入り、ゆるんだ骨盤の周りに脂肪がついてしまいます。肥満解消には骨盤を締めて食べ過ぎを防ぐのがいちばんです。

①**胸式呼吸で深呼吸**　骨盤を締めるには肋骨を広げることです。気づいたときに、胸式呼吸で深く呼吸し、肋骨を広げてください。

②**ストレスコントロール**　ストレスで食べ過ぎてしまう人は、ストレスを感じたときにグレープフルーツの精油をかいでみてください。

③**レコーディングダイエット**　食べ過ぎを自然に防ぐ最強の方法はやはりレコーディングダイエットでしょう。食べたものを必ず記録するようにすれば、自然に食べ過ぎはな

くなります。毎日、体重を計ることも忘れずに。

下半身のむくみ

下半身のむくみは水毒です。水分が下半身に溜まり、滞っている状態ですから、水分を滞らせないよう循環を良くする必要があります。

①**夜8時以降は炭水化物を摂らない**　炭水化物からエネルギーがつくられるとき、副産物として水と二酸化炭素に分解されます。この水が排出されずに下半身に溜まるのがむくみですから、夜は炭水化物摂取を控えましょう。

②**下半身を温める**　循環を良くするために下半身を温めましょう。靴下の重ね履き、スパッツ、レッグウォーマーを活用したり、半身浴でおへそから下をしっかり温めてください。

③**足の筋肉をつける**　足に筋肉をつけると、ポンプ効果で下半身の水分が上に戻ります。循環を良くするには足の筋肉を鍛えるのがいちばん。「レッグマジック」などのエクササイズマシンを利用するのもいいでしょう。

肌荒れ

肌が荒れるのは、細胞が水分をキープできない状態になるからといえます。表面だけ潤すのではなく、細胞自身が水分をキープできる状態をつくっていきましょう。

①**46の栄養素を摂取**　46の微量必須栄養素を摂取して肌の細胞自体を元気にしていきましょう。ターンオーバーの28日後には何らかの変化を感じるはずです。

②**水分摂取は少しずつ頻繁に**　水は一度に飲まず、常温で少しずつ何回にも分けて飲むようにしましょう。

③**半身浴**　汗をかきながら水分を摂ります。水分の摂り方にもコツがあります。水を一口含んで5分間半身浴。水は飲まずに吐き出します。こうすると、全身の細胞に「今から水分が入ります」というサインになります。吸収しやすい状態にしてから体内に水分を入れていくと、細胞がしっかり水分をキープしてくれます。

冷え性

冷え性の人は、潜在的に貧血であることが多く、血管やリンパ管などに老廃物が溜まっています。また、意外に、炭水化物の摂り過ぎのことが多く、その割にタンパク質が不足しています。デトックスと良質なプロテイン摂取で冷え性は解消します。

①プロテインの摂取　貧血というと鉄分不足だと思いがちですが、それだけではなくアミノ酸不足のことが多くあります。良質のアミノ酸（タンパク質）を積極的に摂りたいもの。プロテインレシピをご紹介しておきますので、トライしてみてください。（HPにも掲載しています）

＊アロエ&ストロベリーカクテル

へたをとって洗ったいちご5〜6個とアロエベラジュース、プロテイン大さじ1〜2杯を、数十秒間ミキサーにかけたらできあがり。

＊アロエヨーグルトスプレッド

アロエベラジュース200mlにヨーグルト大さじ1〜2杯、プロテイン大さじ1〜2杯、お好みでナッツ、レーズンを加えてスプーンでよく混ぜます。そのままでもおいしいですが、カリカリに焼いたパンに塗っていただきます。

②ショウガで体温アップ　「ショウガ紅茶」や「ショウガ湯」が効果的です。

③半日断食　老廃物を除去するために、どの時間帯でもかまわないので、12時間水分だけで過ごすようにします。

デトックス＋栄養補給＋熱＝体質改善。これが冷え性撃退の方程式です。

●……肩こり

肩こりを訴える人は腹筋の弱い人が多いようです。腹筋が弱いと正しい姿勢が保てず猫背になってしまい、肩の筋肉の血流が阻害されるので肩がこってしまうのです。左肩がこる人は胃腸系にトラブル。食べ過ぎが考えられます。右肩がこる人は肝臓系が弱っています。ストレスやイライラを解消してリラックスしてください。

①**直角運動**（P27ページ参照）　まずは直角運動でコアトレーニングしましょう。おしりの穴をしっかり締めて行います。

②**目を温める**　肩をもみほぐすより、目を温めるほうが効果的。

③**肩甲骨まわし**　両手でタオルを持って（肩の関節が硬い人は長いひもを持って）、毎日5分ほど肩甲骨を前後にまわす運動を行いましょう。腕をまわして肩甲骨を動かすことで、肩こり解消にはもちろん、脂肪燃焼を促す褐色脂肪細胞が活性化され、肥満防止にも役立ちます。もちろん、二の腕の「ふりそで」防止にもグッドです。

●……ストレス

不眠や疲労感、憂鬱感など、ストレスから来る症状は、心と体のエネルギーバランスが崩れている状態です。

①**入浴を義務化**　毎日、湯船にゆったり入ることを義務にしましょう。（P53参照）

②**ハーブ茶**　不眠にはセントジョーンズワートのお茶が効果的。

③**ツボ押し**　気力減退には足三里のツボと手のひらの労宮のツボ押しを。

④**ジョギング**　体はそれほど疲れていないのに気力がないときは、逆に体を動かしましょう。体を動かしてエネルギーを発散することで、体と精神のバランスがとれてきます。（P115参照）

労宮

ブログから

今日のテーマは「やりたいこと」について☆

また新しい1週間が始まりますが、みなさんは1週間をどのように意識して生活されていますか？

しっかり計画している人、その日の感覚で決める人、それぞれのスタイルがあると思います。

人は何かをなそうとすると必ず「しなければならないこと」を優先的にしてしまう傾向にあります。

それは素晴らしいことですが、元気のないときにはつらいもの。

そこでまずは「やりたいこと」「心が喜ぶこと」を1～3個考えてみましょう♪
そして必ず1週間の中でそれをノルマのようにこなしてみてください♪

やりたいことをしているとエネルギーが満ちてきます☆
やらなければならないことがいっぱいで時間がないと焦っていたとしても、
やりたいことに少し時間を使うだけで、遠回りのようですが、結局はかどることが多いのです☆

さあ、今から5分間だけ今週のやりたいことを決める時間に使ってください☆
きっとエネルギッシュな1週間になりますよ♪

今日のテーマは縁について☆

縁というのは不思議なものです。自分の心の方向性が変わると縁も確実に変わります。

心がコロコロ変わりやすいときは縁が不安定なとき。
強固な縁をたった一つでも持つだけで精神は不思議なほど安定するんですよね。

何があっても絶対に切れない縁をつくれれば人はとても幸せを感じます。

そのためには耳の痛いことも言い合える、
痛みを乗り越える経験が絶対に必要☆
家族以外に家族と思える人がたくさんいるといいですよね (^-^)

DNA の研究が進んだ結果、全人類はもともと一つの家族から始まったといわれています。

私はそれを聞いたとき、自分はどんな人にも情がわき、愛していけるのではないかという可能性を感じました。

すべての人を愛するというのは観念的だけれど、
身近な数人を家族のように愛していくことができれば、世界は本当に素晴らしくなっていくと思いませんか？

今週は身近な大切な人に感謝の言葉を伝えてみましょう☆
もっともっと素敵な縁に深まっていきますよ♪

今日のテーマは心について☆

新月から満月に向かう満ちていく月のこの時期。
心も徐々に外に外にと開いていきます♪
あなたはまわりの人たちにどんな印象を持っていますか？

あなたのまわりにいる人たちはあなたの心を映し鏡のように教えてくれる大切な存在です☆
この週末はその人たちのいいところをピックアップしてみましょう♪

人を見て「素敵だな♪」と思う要素は、必ず自分も持っています。
持っていないように見えることもありますが、それはあなたが気づいていないだけ☆
心はサーチライトのようなものだから、自分にその原因がないとそこにスポットは当てないのです♪

あなたに近しい人はあなたの分身☆
その人たちを通して素敵な自分を再発見してみましょう♪

今日のテーマは美容について☆

みなさんのとっておきの美容法ってありますか？
肌の手入れは女性にとっては特に重要ですよね♪

私は最近使っていなかったナショナルのスチーマーをまた復活させました☆
どの美容研究家も口を揃えて「保湿」の大事さを口にします。もちろん3歳から美容研究家である私も（また機会があれば私の幼い頃の話を させていただきますね（笑））異論はありません。

そこで最近ちまたで流行っているのが「アロエジュースパック」！！
これが本当に凄いんです！！ いつも飲んでいるジュースをペタペタと塗り、ジュースを浸したコットンをはり、ラップで顔を覆います。時間を長く置けば置くほどぷるぷるになるので、スポイトでコットンにジュースを足しながらゆったり時間を過ごします♪

佐伯チズさんのコットンパックをお試しの方はそのぷるぷる感に感動されると思いますが、ジュースパックはその何十倍もの感動があります☆
潤うだけでなく、パーンとハリが出て5年前の顔に戻ります♪

ちなみに考案者はうちの母上 (^_^)
２週間続けてやったという母に会ったら、10 歳若返っていたのです！！　パーンとハリが出て あごの下のたるみがなくなっている！！　65 歳だけどたぶん 50 そこそこにしか見えないんじゃないかな☆
いつもは母の言うことをふーんと聞き流してしまいがちの私ですが、これは凄い！ とすぐにやり方を伝授してもらいました (^_^)

私が思うに、アロエジュースの多糖体がしっかり角質層に入り込んでくれて、ふっくらぷるぷるになるのだと分析しています。ちなみにＦＬＰのアクティベーターというアロエ 99.6%の化粧水は多糖体が少なくなっているのでさっぱりの使用感になっていますが、こちらはシミに長時間たたき込めばシミが薄くなると母が断言しており、実際彼女の頬にあった大きなシミは全くなくなってしまいました☆

大阪に住む母はアロエ武勇伝をたくさん持っているのでお聞きになりたい方はいつでも気軽に言ってください☆
大阪のパワフルなおばさまトークを長時間お聞きいただけると思います (^_^)

「美しくなることは人生を変える」
ではみなさま、週末美容にいそしんでくださいませ♪

今日のテーマは人生のナビについて☆

先日の神戸は日帰りでしたが、今回は神戸市内で行われたイベントに参加するためゆっくり2泊で神戸を訪れました。
昨夜も神戸の夜景がとてもキレイでした☆

今回も前回も車で神戸に来たのですが、それも最近買ったナビのおかげ♪
今まで決まった道しか運転できなかった私ですが、
これがあれば一人で全国どこにでも行けると思うと意識が一気に広がります☆
ナビって凄い！！

実は人生にもナビがあるのをご存じですか？
人生のナビを持つと、それだけで意識と可能性が一気に広がります☆
いちいち止まって地図を見て迷う時間が短縮されます☆
すると人生の選択が一気にスムーズになるのです♪
そんな人生の目的地まで誘導してくれるナビがあったらよいと思いませんか？

私が常日頃から推奨している歴史深層心理学とは人生のナビのようなもの。
宇宙・生命・人類の進化には目的があることをはっきりと教えてくれます。
出発地点と目的地がわかれば自分の現在地がわかり、選択に迷いがなくなります☆

歴史深層心理学を深く学べば、まずは知性で人生の目的を理解し、
次にそれまで感じたことのない感情が育まれ、思いを行動に変える意志の力が強まっていきます。

そして偉大な歴史書である聖書のおとぎ話のようなストーリーが、リアルな人間関係として自分の人生とシンクロし、
過去と未来がつながって潜在意識が開いてくるのです♪

あなたの人生にも壮大なナビをつけてみませんか？
確実に人生の何かが変わります (^-^)

今日のテーマは掃除について☆

部屋がいつもキレイでスッキリしていると心もスッキリしてきます♪

時間のない人がいつもキレイな部屋でいるためには
①外に出ている物を少なくしておくこと
②掃除道具をすぐ手の届く場所に置いておくこと☆

洗面所の床などは髪の毛が気になるので床の粘着テープクリーナーを予備に1つ置いておきます。
部屋用のメインの粘着テープクリーナーをわざわざ取りに行かなくても、気がついたらすぐにコロコロ♪

ガラスの棚などもすぐに埃が目立つので、卓上用クイックルワイパーなどをあちこちに置いてすぐにサッとひと拭き♪

気になったらすぐに掃除できるようにしておくことが、心をいつも軽くしておくポイントですね☆

例えばお風呂も一気にキレイにしようと思うと大変なので、
毎日の入浴のときにタイルを何列分かだけを洗うというようにすると、気分はいつもスッキリです。
洗剤も体に安心なものにしておくと神経質にならずに掃除できます (^-^)

今日からお掃除上手になっていつも心と部屋をピカピカにしてあげましょう♪

今日のテーマは呼吸について☆

人間の体には意識して動かせる部分とそうでない部分があります。

腕や足を曲げのばしできても、心臓や胃の動きを止めたり動かしたりすることはできません。

意識できる部分は体性神経が司り、意識できない部分は自律神経が司っています。

そのような中で呼吸は、意識してもできるし意識しなくてもできる、という2つの神経にまたがった機能なのです。


それはどういうことか。

何と呼吸をコントロールすれば、無意識部分に働きかけることができるということです。つまり呼吸で心をコントロールできるということ♪


「息方(いきかた)」は「生き方」に通じます。

ゆったりと穏やかな息はそのような生き方を呼び、浅くて細い息は不安や心配を呼んでしまいます。


あなたの「息方」はどんな感じですか?

今日1日、ふとした瞬間、呼吸に意識を向けてみて下さい(^_^)
浅くなっていたらお腹まで息を吸い込む気持ちで10回ほど腹式呼吸してみましょう。
気持ちが少し落ち着いてスッキリするのを感じるはずです♪

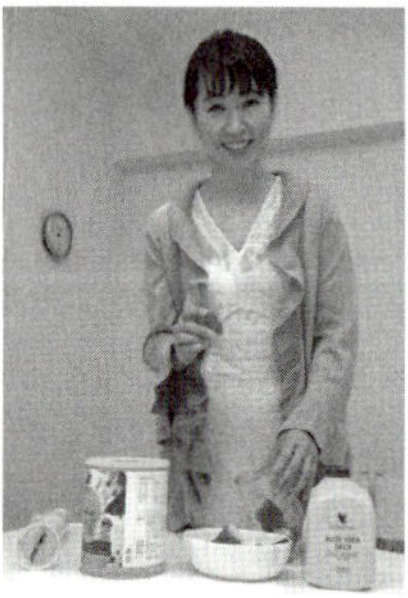

今日のテーマは目覚めについて☆

質の良い睡眠とりたいですよね。
毎朝さわやかに目覚められたらどんなに幸せなことでしょう♪

・毎朝起きる時間を一定にする
・寝る前にはものを口にしない
・夜は明るい光を浴びないようにする

などなど、朝スッキリ目覚めるための知識はちまたの本や雑誌などでも溢れるほど目にしています。
でも多くの人がなかなか実現できないからこそ、そのような特集が繰り返し組まれるのでしょうね☆

実は人間の脳はシンプルで、やりたいことがあればスッキリ目が覚めるし、
やりたいことがなければ眠っていたい、という心理構造があり、睡眠を大きく司っています。
待ち遠しかった遠足の日は、目覚めの爽快さが違うことは誰もが経験済みですよね (^_^)

朝スッキリ起きたければやりたいことを朝に持ってくればよいのです♪
それもいつも我慢してるけどとびっきりやりたいこと☆
好きなケーキを食べるとか、買っておいたお気に入りの雑誌を読むとか…。
朝しかそれをしてはいけないと決めておくと、そのうち嫌でも朝スッキリ目がさめてくると思います♪

ちなみに、あんまりしたくないけど、できたら理想的だなと思っていること
（ストレッチとかウォーキングとか）を設定しても効果はありません。
自分が本当にやりたいことを探すだけでも元気になってくるので、
今日はどうしてもやりたいこと3つ探してみてください♪

目覚めスッキリの人はいっそうパワフルに、目覚めどんよりの人は徐々に雲が晴れるように♪
朝に自分を愛してあげる「朝ＬＯＶＥ時間」お試しくださいませ (^_^)

今日のテーマは習慣について☆

あなたは自分の人生に役立つ習慣をいくつ身につけていますか？

人生を決めているのはその人に与えられた環境や能力ではなく、習慣だといわれています。
よい習慣を身につけ、心と体が自動的にそれに従うようになれば運命は確実に変わっていきます。
「よい習慣の奴隷になれば必ず人生は成功する」と格言を残している偉人もいるくらいです。

あなたはどんな習慣を身につけたいですか？
専門家によれば「早起きをする」「毎日エクササイズを行う」など
中程度に複雑な習慣パターンの場合、21日間の学習と復習でその習慣は容易に身につくそうです♪

では新しい習慣を身につけるための7つのステップをご紹介しておきましょう☆

① 100%心を決める
②例外を認めない
③まわりに宣言する
④習慣が身についている姿をイメージする
⑤「〜するぞ！」と何度も自分に言い聞かせる
⑥欠かすと落ち着かない状態まで体になじませる
⑦習得したら必ず自分にご褒美をあげること

最後のご褒美は特に重要です☆
脳は「快」「不快」の感情で無意識の行動を誘発するので、必ず「快」の感情と結びつけておくと行動をとることが楽しくなり習慣が補強されるからです♪

でも一度にたくさんの習慣を身につけようとあせらないで☆
1ヶ月に1つ良い習慣を身につけるだけで、1年で12個もよい習慣が身につくのですもの♪
ベンジャミン・フランクリンもそうやってじっくり新しい習慣を身につけて自分を変えていったそうですよ♪

今日から1つ新しい習慣にトライして、新しいあなたを見つけていきましょう(^_^)

今日のテーマは「自分自身が自分の人生のプロデューサー」だということ☆

誰の人生でもない、自分自身の人生を誰かにまかせきりにしていたら、もったいないですものね☆
でも意外と自分の人生のワンシーンワンシーンを自分が選択しているんだという意識のある人は少ないのではないでしょうか？

いつも自分のマイナスの状況を誰かのせいにしていたり、
誰かのためだといいながら自分で何かを決めてなかったりすることって、誰もが経験のあることだと思います☆

人生は選択の連続です。

そこを失敗したくないという恐れが実は人生を消極的なものにしてしまっています。

占いや風水なども、失敗したくない恐れを回避するためのもので、人生の質を根本的に変えるものではないですものね。


選択に間違いはありません。潜在意識において、人はそのときにできるベストの選択をしているといわれます。

そして選択したら迷うことなく自分が全責任を負うという覚悟をすること。

「決断力」「責任力」が人生を飛躍的に変化させてくれます。

道を進むと決めれば、逆風が吹いてもめげずに進み、道がなければ道をつくり、怪我をすればゆっくり癒し、また前に進めばよいだけです☆
進むことをやめる必要はありません♪

すべてのことに意味があり、それは自分が自分の責任において選択しているんだと思えば、きっと天があなたに味方します♪

みなさんと私自身、全員が素晴らしい人生の映画監督＆主演女優＆俳優になれますように (^-^)

今日のテーマはインスピレーションについて☆

あなたはインスピレーションを感じたらすぐ実行に移す方でしょうか？
それともあまりインスピレーションが浮かばないという方もいらっしゃるかもしれません。

インスピレーションは見えない世界からのメッセージなのでキャッチしたいですよね☆
膨大な右脳のデータベースからはじき出されるヒントといってもいいかもしれません。
それを素直に実行していけば、物事がうまく流れやすくなります♪

特に大それた内容である必要はありません。
今あの人に連絡してみよう！ とかあそこのお店に行ってみよう！ とか、
そういう心の声をキャッチして実行に移すだけ。

インスピレーションがよくわからないという方がいたら、
もしかしたら左脳の力が強くて心の声をすぐに打ち消す癖がついているのかもしれません。
よ～く心の中を観察してみてください♪
たいてい最初に思ったことが正しかったりします。

簡単なことからでいいのです☆
トイレに行こう！ と思ったら我慢せずすぐに行く。
これやっとこう！ と思うことをすぐにやっておく。
あるいはそのときできなくてもメモしておく…。

そういう積み重ねでインスピレーションは冴えてきます♪
私はジャンケンで頭にパッと浮かんだものを出すと勝つことが多いです☆
電話やメールの相手も何となくわかるようになります。
作家の中谷昭宏さんはレジでどこが一番早く空くか、いつも試しているそうですよ♪
これも右脳トレーニングの一環ですね☆

そんな遊び感覚でインスピレーションを鍛えていたら、人生で重要な選択にも迷いづらくなること間違いなしです♪
今日１日あなたのインスピレーションを意識して過ごしてみてくださいね (^_^)

今日のテーマはクリスマスについて☆

みなさんもクリスマスは小さな頃から何だかワクワクする日だったのでは？


そんな希望に満ちた気分にさせてくれるクリスマス♪

世界の誰もが知っているイエス・キリストの誕生日☆

およそ2000年前に生まれて33歳で十字架にかかった青年。

今でも世界中が彼の誕生を祝うのは何故でしょう？

お釈迦様の誕生日を祝うことは少ないのに不思議です。


霊界があるとするなら、死んだあと霊界で大きな影響力を持っている人が、後世の人間に深く影響を与えられると考えられます。

その思いは、たとえマイナス感情であっても、素晴らしいビジョンであっても、いずれにしても後世に残ります。

恨みを抱えて亡くなった人でさえ霊になってつらさを訴えるのですから、大志を持った人であれば死んでもそれを成し遂げようとするはず☆

イエス・キリストはどうしても成し遂げたいビジョンがあったからこそ、後世の人に影響を与え続けているのではないでしょうか☆
彼が十字架にかかり、自分に槍を刺す敵を愛するために生まれてきたとするなら、それはあまりにも淋しく無念なこと。
彼には本当は生きてやりたいことがあったのではないでしょうか？

私はクリスチャンではありませんが、彼の生き方、スピリットにはとても感銘を受けます。

これだけ後世に影響力のある人の生き方を研究することは、人生に必ず大きな示唆を与えてくれるはず☆

今日は彼の人生に少し想いを馳せてみてください。

みなさんにも何かインスピレーションが下りてくるかもしれません☆

では今日の最後に、皆さんに「メリークリスマス」の言葉を贈らせていただきます♪

みなさんがイエス・キリストのスピリットに少しでも触れられますように(^-^)

あとがき

月のリズム第一弾『月のリズムセラピー』を出版してから数年経ちましたが、いまだにたくさんの反響をいただき、嬉しい限りです。

最近は雑誌に限らず、ラジオなどのメディアで話をさせていただく機会が増え、よりダイレクトにメッセージをお伝えできるようになりました。

そうした活動を通して、世の中の意識レベルが短期間のうちに確実に上がってきているのを肌で感じます。


ビジネスの世界でも、成功哲学の分野などは、一昔前は学ぶことに抵抗を感じる方も少なくなかったのではないでしょうか？　今では書店の店頭に成功哲学本がズラリと並んでいます。

心理学の世界でも個人の意識を超えた「超意識」という概念が定着しつつありますし、脳科学が発達することによって私たちの意識の使い方に関する未知の部分が少しずつ解明され始めています。

とはいえ、まだまだ多くの男性がそうであるように、データありき・経験ありきで物事を判断し、自分の選択肢を狭めている人がたくさんいるのも事実です(男性のみなさん、すみません)。

幸い女性は、男性より柔軟な選択ができる環境が与えられていることが多いので、女性の感性を磨くことが、世界をよりよい方向に変えていく原動力になると私は考えています。

いかに正しいインスピレーションをキャッチするか。それがこれからの時代の波に乗る大切なポイントなのではないでしょうか。

前著『月のリズムセラピー』では心と体のメンテナンスの方法について、さまざまなノウハウをまとめました。本書では、より「美」に特化したアプローチになっていると同時に、心と体の関係性や心の構造についてグッと深まった内容になっています。潜在意識について聞いたことのない方や、心と体の関係性が実感としてまったくわからないという場合、少し理解しづらい部分もあるかもしれません。その場合はぜひ、『月のリズムセラピー』の28日間のライフスタイルから始めてみてください。

前著では、月のリズムに関する詳しい情報や、ヨガやアロマテラピー、カラーセラピー、マクロビオティック、アーユルヴェーダ、NLPなど、さまざまな癒しの知識のエッセンスとそれらについての考え方をまとめていますので、どんな方にも役立つツールになっていると思います。こちらは韓国でも出版される予定です。

第二弾は、潜在意識に関してより深い理解が進むよう、一般の成功哲学本・潜在意識本とは一味違った内容が盛り込んであります。その内容に心が動かされた方はぜひ、各地で行っている私の講演会に足をお運びいただいてより深い内容を学んでいただければと思います。

本書は、講演などで全国各地を移動する中での執筆だったということもあり、日貿出版社の水野渥会長、リム企画の島内晴美さんに大変お世話になりました。お二人の応援してくださるエネルギーで、何とか第二弾の出版を迎えることができました。心より感謝の気持ちを送らせていただきます。ありがとうございました。

日貿出版社に伺うとなぜかNHK時代を思い出します。懐かしい感じがする中での校正作業、せっぱ詰まりながらも楽しい時間でした。

この本が一人でも多くの女性の目に触れ、心と体のつながりだけではなく、美も生活も自然も宗教も科学も歴史も、全部つながっているのだということを少しでも感じていただけると幸いです。

肉体は有限ですが、心の状態は永遠に残るといわれていますから、永遠の命を美しく創り上げていくために、今日からともにＳｏｕｌ＆Ｂｏｄｙデザインを始めていきましょう。

城谷朱美

２０１０年２月

城谷朱美 (Akemi　Shirotani)

Salone "Il mare"(サロン "イルマーレ ") 主宰
1968 年大阪市生まれ。元NHKディレクター。

歴史深層心理学講師
シンガーソングライター
NLP (神経言語プログラミング) マスタープラクティショナー
国際総合生活ヨガ研修会インストラクター
AAJ認定アロマテラピーインストラクター
カラーセラピスト

現在は、歴史深層心理学講座、潜在意識の活用法、コミュニケーション講座、美容&健康セミナーなど多彩なアイディアを融合したセミナーを全国各地で開催。著書に『月のリズムセラピー』（日貿出版社)。2006 年春より音楽活動を開始し、2008 年 4 月 1st アルバム「Bless you」リリース。ショートフィルム監督として映像制作にも携わり、多岐にわたる分野からさまざまなメッセージを発信。ライブ、講演、ラジオ、多数の雑誌、映像制作などを通じて歴史深層心理学をベースにした新しい価値観・新しいライフスタイルを提案している。
http://www.akemi-yogastyle.com

●スタッフ
編集協力――島内晴美（リム企画）
カバーデザイン――石田洲治
カバー・ポーズ撮影――荒川健一
写真提供――サロン・イルマーレ／城谷朱美
本文デザイン・DTP――(有)石田デザイン事務所
イラスト――二宮右子

女《おんな》は28日《にち》で生《う》まれ変《か》わる
月《つき》のリズムで美《うつく》しくなる

● 定価はカバーに表示してあります

2010年4月15日　初版発行

著者　城谷朱美《しろたにあけみ》
発行者　川内長成
発行所　株式会社日貿出版社
東京都千代田区猿楽町1-2-2　日貿ビル内　〒101-0064
電話　営業・総務（03）3295-8411／編集（03）3295-8414
FAX　（03）3295-8416
振替　00180-3-18495

印刷・製本　三美印刷株式会社

ISBN978-4-8170-7024-1　http://www.nichibou.co.jp/

乱丁・落丁本はお取り替えいたします。